Yo te ayudo a
Alcanzar Tus Sueños

En mi camino y destino
me acompañan tu gracia y favor

Grace Rohrig

Editorial Güipil

Para otros materiales, visítanos en:
EditorialGuipil.com

Elogios

It is my honor to offer a character reference on behalf of Grace Rohrig. I have known Ms. Rohrig for more than 20 years, and have known her to be, amongst other things, a faithful and committed follower of Christ. She demonstrates Christlike character and faithfulness. Through the years she and I had have many opportunities to discuss her faith as she worked very hard to be a good wife, mother, servant-leader, and my friend. I would highly recommend Grace for any opportunity afforded her, as I know she will always give her very best of service. I am grateful to have had the opportunity to know Grace, and observe her life as I have served as her pastor for many years. I am so glad and I thank God for giving her the desires of her heart and receive the fruit of her hard work. I am pretty sure that her book will be encouraging thousands of lives around the world, and I praise God for it. I wish Grace all the blessings from heaven.

Dr. J. Wayman Wells
Lead Pastor at New Birth Church

Tengo cuatro años de conocer a Grace. Desde la primera vez que la vi, supe que ella era una mujer genuina, llena del amor del Señor. Puedo decir que ama la oración; es una mujer llena de fe, siempre ha sido valiente aun en medio de las circunstancias difíciles de la vida que le ha tocado enfrentar. Su fe en el Señor no deja que nada ni nadie la paralicen, incluso en los peores momentos de su vida.

Es una mujer muy emprendedora que se esfuerza constantemente para alcanzar sus sueños. Me llena de gozo y alegría cuando ella los comparte conmigo; y me siento muy orgullosa de ella. Hemos vivido de todo tipo de momentos; fuimos compañeras en la radio hace algunos años, compartiendo el amor de Dios, y ha sido una bendición fraternizar con ella.

Sé que este libro, que ella ha escrito desde su corazón, animará y bendecirá miles de vidas, lo cual me hace muy feliz y sé que a ella también. ¡Celebro sus sueños realizados!

Grace es una mujer muy talentosa, llena de virtudes, es trabajadora y muy responsable en su hogar, con su esposo y sus hijos a quienes ama tanto. Es muy compasiva, tiene un corazón de oro para ayudar a cualquier ser humano, es muy generosa; su corazón está lleno del amor de Dios; ella es humilde y siempre comprensiva. Grace es un regalo de Dios.

Zily Benedyk

What can I say about Grace? She is an angel who has always stood out in crowds. She shares her love with the world with a power that can be felt a mile away.

I remember when I first met Grace at church as we connected through my relationship with her only son. Since then, she has taken me in as one her own children. Whenever I came by to visit, I always had a home cooked meal, an embracing hug, and prayers. All these things have been consistent for years. She would talk to me about her ministry through music, radio, and the writing, which many of you will get to experience soon.

Grace has been gifted with the ability to reach people in their highs and lows. Her empathy and humanity is inspiring, and it is exactly what we need in our hurting nation today. I just know that you will be blessed when you connect with the stories of Graciela.

Hal McKinley

Conocí a Chela hace aproximadamente 35 años. Convivimos mucho, compartimos mucho y fue muy hermoso. Cuando tuvimos la oportunidad de comunicarnos, mi corazón se gozó y me dio felicidad saber lo que ella ha alcanzado y cómo ha salido adelante.

Todo lo que se logra con esfuerzo se valora verdaderamente y trae mucha satisfacción al corazón. Deseo que Dios la siga bendiciendo en todo y el Espíritu Santo la siga guiando siempre.

Sé que ella seguirá y saldrá siempre adelante porque tiene a Cristo en su vida. Me llena de gozo y alegría que ella haya perseguido sus sueños sin darse por vencida. Estoy muy feliz por este libro que tiene un propósito específico: ¡bendecir y animar vidas alrededor del mundo!

Estoy muy feliz de ser su amiga y hermana en Cristo.

Nelly Nuñez Medina

Conozco a Grace hace un buen tiempo, desde que ella era soltera. Mi madre y mis hermanos asistían a la misma congregación; y desde el momento en que nuestras familias se conocieron comenzaron a convivir bastante; mi madre y mis hermanos vivían cerca de ellos en México, parte de mi la familia vivía en Veracruz; y la amistad siempre fue muy cercana: su familia nos visitaba en casa y nosotros correspondíamos de la misma forma. A Grace siempre la caracterizó la audacia y también siempre tuvo en su corazón la disposición para servir a Dios. Su gusto por la música fue una forma de servir a Dios: comenzó a cantar en la congregación donde asistía; más tarde, en cuanto Dios le dio la oportunidad de hacer una producción musical, lo hizo con la única finalidad de difundir el evangelio de nuestro Señor Jesucristo, incluso viajó a diferentes lugares llevando ese mensaje. La recuerdo cantando al lado de Nelly Núñez, y en algunas actividades de carácter evangelístico con el grupo musical Última Generación de Jesús, y en conciertos donde era invitada para compartir, más que su música, su corazón.

Hoy, después de varios años de distancia donde solo quedan bonitos recuerdos de aquella amistad que nació a raíz de congregarnos en el mismo lugar, es un gusto saber que la madurez de Grace en todos los aspectos le ha llevado a plasmar parte de su vida y su experiencia en las páginas de su libro. Deseo que sea una bendición en la vida de cada lector, que cada capítulo, cada página, e incluso cada palabra, los lleve a la reflexión.

Dios bendiga la vida de Grace y de cada lector.

Carlos Lauriani Camacho
*Vice superintendente del distrito sur de la Iglesia
Independiente de la República Mexicana*

Muy orgullosa de escribir estas líneas para la gran autora de este libro. Sé que ustedes leerán historias de sufrimiento, perseverancia y felicidad de ella. Yo fui parte de ello, estuve presente, soy testigo de muchas de esas anécdotas. Estoy tan contenta de que mi mamá pueda compartir sus experiencias y sentimientos tras su camino de la vida. Sé que, aunque este es su primer libro, muchos otros triunfos continuarán abundando en su vida.

Como audiencia, les recomiendo que tomen a corazón cada mensaje escrito y aprecien de dónde vino. La mujer que les cuenta estas historias ha sufrido, llorado y reído, en su camino ha habido mucho dolor y lágrimas; pero ella toma todo como un escalón más que la lleva a su propósito en este mundo. En este libro ella cuenta muchos de esos momentos que trataron de paralizarla por completo; pero ella siempre con ánimo y fuerza, con Dios y pegada de la oración, ha salido adelante.

Madre linda, te amo mucho, ¡siempre seré tu admiradora número uno! Seguirás triunfando y alcanzarás mucho más de lo que te imaginas. Muchas gracias por todo el amor que me diste y continúas dándome; gracias por nunca darte por vencida en tus sueños y demostrarme las grandes cosas que uno puede alcanzar en la vida con perseverancia, esfuerzo y fe en Dios.

Jhoana M. Castillo

I would like to say that my mom is the best mom in the world to me! She has been taking care of me and my sisters, being very dedicated to us, doing whatever it takes to give us a place to live, food on the table, clothes, shoes, and all the love that someone can ask for. She teaches us about God, and we live seeing the miracles of him every day! My mom is very smart, she never gives up and is very productive. She always has big dreams, is a woman of vision, she always has goals and works hard to reach them all. Even when things are unfair in life, she keeps trying until she reaches them! She is always positive, very kind, loving and expressive. She tells us every day how much she loves us, and how important we are for her. She is always encouraging us to pursue our dreams, letting us know that things are not easy, but with God and hard and constant work we can reach whatever we want.

She loves to help others. We have seen her feeding the poor, giving blankets to the homeless, sending money to people in need. She dreams of buying an RV to travel everywhere and help people, and I know that God will give her that too.

She was always saying that she was writing a book, for years even before I was born. I know that some people never believed it, and others made fun of her, but even when she was hurting, she never gave up, kept writing, praying, believing, trusting God and working hard! It makes me very happy that she has her dream come true now. She is very strong and the first woman I admire, she truly deserves the best! She speaks positive things for us every day, we are very blessed having her. Her heart is filled of compassion, she is simply amazing! I love graceradiolife, my beautiful mom! I am very proud of her and very lucky to be her son.

Peter

My mom worked very hard for this book; I love that she never gives up! She is so productive, works all day and night. She writes so much, has so many papers on her desk! I love my mommy; she is the best mommy in the whole entire world! I am so lucky to have her, and I am very proud of what she does.

Gracezoey

Agradecimientos

Desde lo más profundo de mi alma agradezco primeramente a mi amado, dulce y tierno Padre, mi Dios, mi amado Salvador y Maestro, Jesús, y a mi precioso amigo y compañero: el Espíritu Santo, por bendecirme con todos esos regalos únicos y especiales de su amor, su gracia, su favor, su misericordia, su compañía, su guía. Sin todo eso yo no podría vivir ni haber logrado absolutamente nada en mi vida. Todo mi amor para ti, Señor, mi Dios.

Mi corazón está profundamente agradecido con mis tres hijitos: Madai, Peter y Gracezoe y, por su precioso amor, sus oraciones —que son un regalo precioso para mí—, su sacrificio, su paciencia para que yo pueda trabajar alcanzando mis sueños. Los amo con todo mi corazón; ustedes son mi mayor tesoro aquí, en la tierra. Muchas gracias por todo lo que han hecho por mí, han bendecido mi vida de la forma más significativa. Todas las memorias con cada uno de ustedes están en mi corazón. Soy la mamá más bendecida de todo el mundo. Ustedes me hacen reír, los tres son tan graciosos, tan buenos; estoy muy feliz de ser su mamá. Los amo con todo mi corazón hasta el cielo.

All my gratitude to my wonderful husband, Richard

David Rohrig, that has been very supportive in every way possible that he can. His love, care and patience to me is such a big blessing, and I appreciate so much all that he has done for me! He believed in me since the first day that we met, and he keeps telling me that I am so gifted and that he knows that I will reach my goals! God bless you for all your love and sacrifices! You are a brand new man a man of blessings and purpose, and you know that. Your life is totally brand new, thanks to God. Thank you very much darling, I love you!

Mi más sincero agradecimiento a las personas que me han bendecido constantemente con sus oraciones y amor, dándome palabras de aliento y ánimo en los momentos que he necesitado; han levantado cada uno de mis proyectos en oración y han creído en mí, asimismo han celebrado mis victorias, se han regocijado conmigo. Todos ellos tienen un lugar especial en mi corazón, han sido un ejemplo para mí; siempre aprendo de cada uno de ellos; para mí han sido ángeles que Dios ha puesto en mi camino. No puedo mencionar a todos, pero algunos de ellos son: Eleanore & Don Shackenford, Elias Gomez, Zilyta & Ray Benedyk, Vicky & George Rubiano, Sandrita, Esther & Blanquita Tinoco, Saharai Luviano, Becky Gladden, Taylor walker, pastor Larry Walker, Phyllis Walker, Phillip E. Walker y toda su familia, Joseph Hilbrant, Esther Vidal, Denise & Dennis Rohrig, Thomas Shank and his wonderful family, T. J., Megan & Hannah Shank, Lorraine Rohrig, Rosy Gonzalez, Vilma Ramirez, Diana Aguirre, Alfa Yañez, Mernela Añez, Dr. JWayman Wells, Hal Mckinley & su prometida Alieyyah, pastor

Gregory Perkins, Ramiro & Lety Lopez, Nelly Nuñez, Victor & Lourdes Vazquez, Carmen Vazquez y familia, Ruth Torres, Uziel Corzo, Ramon & Rosita Bravo y familia, Angelica Peralta y familia; son solo algunos, pero todos están en mi corazón. Muchas gracias por su apoyo, oraciones y amor hacia mí y los míos, por sus palabras de ánimo, ¡por bendecirme tanto! Algunos ya no están en la tierra, pero siguen en nuestros corazones y seguiremos compartiendo nuestras historias. Bendigo a sus familias.

Especial agradecimiento para mis padres, Pedro Luviano y Diocelina Bravo, que con su ejemplo me enseñaron a trabajar duro para salir adelante. A mis dos hermanas: Diocelina y Noemi y a sus familias. A mis seis hermanos: Elias, Roberto, Jorge, Pedro, Rigoberto y Armando y a sus familias; gracias por los momentos en que han hecho algo por mí, los llevo en mis oraciones ¡y los bendigo a todos! Los amo desde lo más profundo de mi corazón.

Deseo expresar mi más sincero agradecimiento a Rebeca Segebre, su esposo Víctor, y su equipo de trabajo de Editorial Güipil; por su gran disposición y profesionalismo, su arduo trabajo en este hermoso y especial libro, donde han puesto todo su conocimiento y empeño. Han sido pacientes conmigo, brindándome el tiempo necesario para trabajar en él para que hoy tú, querido lector, puedas tenerlo en tus manos, disfrutar de su contenido y recibir algo bueno a travez de él.

Mil gracias a todos por ser parte de este sueño tan significativo para mí, todos ustedes forman parte en algún momento de mi historia.

Grace Rohrig

Contenido

CAPÍTULO I

Una niña llena de sueños que le encantaba vestirse, tomar las telas más bonitas que encontraba de su mamá, y enrollárselas como un vestido largo y elegante en su delgadito cuerpo, pretendiendo que tenía unas zapatillas puestas, tratando de hacerse un peinado glamoroso, tomando el peine con el que se cepillaba el cabello para utilizarlo como micrófono.

Se ponía delante del espejo grande y comenzaba a hablarle a la gente que solo estaba en su imaginación; empezaba a cantar, bailar, sonriendo y despidiéndose del público; agachando la cabecita hacia el frente, con la manita derecha sosteniendo el micrófono y poniéndola a la altura de su cinturita, y la otra manita bien extendida hacia fuera, cruzando sus pequeños pies; así se despedía de su público. Después se iba a su camerino y venían muchas personas que la querían contratar, le traían regalos y flores. Así vivía soñando todos los días, Esos momentos eran los más divertidos.

¡Esa niña soñadora era yo!

Tenía tantos, pero tantos sueños, que suspiraba cada vez que pensaba en ellos. Todos los días cuando regresaba de la escuela hacía lo mismo cada vez que tenía la oportunidad. Deseaba que mi mamá usara zapatos altos y bonitos para ponérmelos; pero para ella eran cosas raras. Ella decía que nunca podría caminar en esas cosas, decía que iba a parecer a la India María, que salía en esas películas donde le regalaban zapatillas con plataformas tan altas que no podía caminar; ella trataba pero ¡se caía y se daba unos golpes (o, santos porrazos, como ella decía)!, que terminaba enojada, frustrada y tirando esas cosas lo más lejos que podía, y nunca más quería volver a verlos. Regresaba por sus huaraches, que aunque para muchos podrían ser feos e incómodos, ¡para ella eran los más confortables y hermosos del mundo! La hacían sentir que caminaba sobre las nubes, entre algodones. Además, esos huaraches cafés no le lastimaban sus hermosos pies, no le traerían cayos o juanetes; decía: «Solo de imaginar que meto mis pies en esas cosas, y al tratar de caminar voy a ir a dar hasta por allá que voy a quedar sin dientes y sabrá Dios qué más me pueda romper». Así decía mi mamá. Así que jamás tuve la esperanza de ver unas zapatillas en su ropero —que era lo que se usaba en esos tiempos—, ni siquiera de adorno.

A veces me pregunto cómo somos tan diferentes en tantas cosas, porque todo lo que a ella no le gustaba, a mí me encantaba desde niña. Recuerdo que sí me di un porrazo también cuando traté de caminar en unas zapatillas; eran blancas, yo tenía catorce años. La casa era de dos plantas y ese día teníamos una fiesta, no recuerdo el evento; pero sí el santo porrazo que me di. Como yo estaba lista para bajar, comencé a caminar por las escaleras que eran de puro concreto. Ya como en el quinto escalón, perdí el control de los tacones y me fui tropezando: se me cruzaron las piernas y los pies, y no supe cómo aterricé en la sala de la casa. Mi papá iba pasando por ahí, junto con mi primo Rubén, quienes me levantaron del piso. Ellos trataron de no reírse y me dijeron:

—¡Cuidado! ¿Estás bien?

Me levantaron tan rápido que el diablo no tuvo tiempo de besarme, como dicen por ahí. Hay una creencia que afirma que cuando te caes, el diablo te besa y ya no pueden recogerte. Pero a mí sí me recogieron.

Les dije que me había tropezado con el vestido para que no pensaran que estaba aprendiendo a caminar sobre esos diez centímetros de tacones donde estaba subida. Gracias a Dios que no hubo más testigos de ese mulazo tan feo que me di. Mi primo soltó una risa, no pudo reírse a carcajadas porque siempre era serio, aunque se reía, no lo hacía en voz alta. ¡Qué recuerdo tan chistoso! Todo por querer perseguir uno de mis sueños; sueño de todas las niñas, de todas las mujeres que quieren ser y verse femeninas. Esa fue la única vez que volé por unas escaleras. Creí que era la mujer maravilla, o quería bajar más rápido como en el elevador, lo cierto es que aterricé tan rápido que ni cuenta me di de cómo llegué a la sala. Pero sí logré mi sueño; hoy puedo caminar en zapatillas y hasta correr, ¡y me encantan! Sé que las niñas que tienen la bendición de tener mamás que usan zapatillas, no tienen el problema que yo tuve, pues pueden practicar bajo supervisión de un adulto, si les dan permiso. Yo vi cómo mi nena, la más pequeña, actuaba igualita a mí cuando era niña, le encantan los tacones y los vestidos, los sombreros, ¡y todo lo fancy! Ella siempre se pone mis altos tacones, mis bolsas, mis bufandas, y no se puede quejar que su mamá no tiene nada de eso; mi clóset parece tienda del centro comercial, porque me encanta coleccionar cosas antiguas, me encanta diseñar prendas; las zapatillas de moda no pueden faltar; ¡y que decimos de la joyería! Todo eso está en mi clóset, ella tiene de dónde escoger. Se divierte mucho y yo me divierto viéndola. ¡Qué bonito y qué bendición!

Así como yo me di ese porrazo tratando de aprender a caminar en zapatillas ese día, solo por alcanzar ese sueño, así podemos darnos de porrazo en la vida al tratar de alcanzar nuestros sueños. Pero como una niña adolescente bien determinada a aprender a caminar con tacones, así debemos ser todos al perseguir nuestros sueños hasta alcanzarlos. una muchachita no se dará por vencida a usar zapatillas, le digas lo que le digas; cuando eso está dentro de ella, así le salga cayos, así le salga juanetes, así se canse, así camine como gallinas con las patas quemadas, así después no pueda enderezar los pies por los siguientes cinco minutos, va a seguir perseverantes hasta caminar y desplazarse muy bien, como un pez en el agua. Este es un ejemplo claro de soñar, de que duele, de que se requiere disciplina y sacrificio para lograrlo, y también de recibir algunos porrazos en la vida, pero con determinación todo se logra.

Mi esposo se me queda viendo siempre que uso tacones y me pregunta todas las veces:

—¿Cómo puedes caminar en esas cosas?

Y cada ves hace lo mismo, pareciera que cada vez fuera la primera que me ve porque siempre pregunta lo mismo. Me gustan los tacones muy muy altos, y puedo hasta correr en ellos. Él me dice:

—¿No te duelen los pies? ¿Estás segura que estás cómoda con eso en tus pies?

Me da risa ver la cara que hace y lo mucho que abre los ojos cuando me ve los pies en los tacones.

Pero después que una aprende y ya tiene práctica, una disfruta ponerse tacones tanto como comer su platillo favorito.

¿Te has puesto a pensar todo lo que tienen que hacer las bailarinas para lograr su objetivo? Leí hace tiempo lo doloroso y tortuoso que es para las personas que aprenden ballet; esas zapatillas que se ven tan cómodas, como si no tuvieran nada puesto, son tan bonitas, son tan elegantes, las telas con las que están fabricadas son tan preciosas, a veces tienen diseños; pero el propósito de esas zapatillas de ballet va muchísimo más allá de lo que podamos imaginar. Solo de saber lo que sufren, el dolor que llegan a experimentar, pueden llegar a tener cirugías de los huesos, sus pies sufren tantos dolores; es verdaderamente una tortura para ellas; sin embargo, cuando se desplazan bailando en esas pistas con esos sorprendentes movimientos, poniendo todo su peso en la puntita de los dedos de sus pies, balanceando todo su cuerpo, moviendo las manos con tanta elegancia, girando su cuerpo completamente en círculos o siguiendo sus coreografías tan bellas, solo apoyándose en un pie y con la punta, sin perder el balance de su cuerpo, creo que todo eso recompensa todo el dolor que experimentan. Además que es algo verdaderamente admirable, ¡se merecen todos los aplausos del mundo! Hacen lo que la mayoría de nosotros no podemos hacer. Allí es donde disfrutan, reciben y se sienten satisfechas por todo el dolor que han tenido que pasar.

Así son los sueños. Tenemos que pasar por dolor, tenemos que sufrir ciertas cosas, pasar por ciertos puentes, por desiertos, por calles con piedras donde será difícil caminar, o lodo en tiempo de fuertes lluvias, o sol tan fuerte que sentimos que desmayamos; pero para llegar al otro lado donde se encuentra nuestro sueño es necesario pasar por allí, así que no nos queda de otra: si queremos alcanzarlos, para llegar a la pista y disfrutar el aplauso del público, la danza, la música, el vestido, tenemos que cruzar el camino con todos sus obstáculos y dolores; las cosas no se dan por arte de magia, los bailarines de ballet practican hasta que lloran del dolor, pero en el momento del show, frente a todo el mundo, estoy segura que se sienten recompensados. Ellos son el centro de atención, son el punto donde todos los ojos están puestos; seguramente al ver esos grandes teatros o salones con ese maravilloso público que les espera, más el hermoso vestuario, esa forma con la que se mueven, esa facilidad y delicadeza, esa preciosa música, ¡y todos los aplausos! Debe ser una gran satisfacción para ellos. Mis respetos, admiración y aplausos para todos ellos. Seguramente que el dolor que ellos pasan es mayor que el de nosotras tratando de aprender a caminar en zapatillas con tacones.

CAPÍTULO II

Mi mamá tenía una amiga que se llamaba Carmen López. Eran como hermanas, ¡se visitaban tanto! Iban juntas a todos lados, ¡parecían chicle! No se despegaban. La hermana Carmen tenía muchos hijos e hijas; siempre que mi mamá iba a visitarla, quería llevarme con ella; al principio yo no quería porque me aburría, ellas se sentaban a platicar, comían, se divertían y yo estaba toda aburrida, sentada oyendo a dos señoras hablar de cosas que a los niños no les llaman la atención en lo absoluto. Lo que sí recuerdo era que la hermana Carmen cocinaba muy delicioso, y siempre nos invitaba comida. Mi mamá a veces no quería comer porque le daba pena, pero en ocasiones aceptaba. Las dos compartían, mi mamá compartía con ella todo lo que cocinaba, y la hermana Carmen siempre estaba en su mente, decía:

—Le voy a llevar a mi hermana Carmen unos tamalitos, un atolito, un chile relleno.

La comida de la hermana Carmen se veía deliciosa,

¡se antojaba!

Un día, Claudia, la hija menor de la hermana Carmen, me invitó a jugar y me divertí. Después yo le decía que jugáramos a la oficina y a la secretaria, le dije eso porque quería saber lo que se sentía ponerse unas zapatillas de verdad, pues solo las usaba en mi imaginación; en mi familia había solo varones, seis hombres, yo fui la número siete, la primera niña, así que ¿de dónde podía agarrar zapatillas? Ese día que jugamos a la secretaria, vi que debajo de una cama tenían como tres pares de zapatillas abandonadas, creo que no las usaban, y le pregunté a Claudia:

—¿De quién son esas zapatillas?

—Son de mi hermana.

Y cuando ella se fue a traer cosas para jugar, ¡yo fui la niña más veloz del mundo! Corrí por ellas, me quité mis zapatos y me las puse... quería que Claudia se tardara mucho en regresar para durar el tiempo más largo posible dentro de esas zapatillas negras, jugar y sentirme que ya era grande, ¡era tan chistoso y raro! Cuando oía los pasos de Claudia que venía de regreso, corrí a quitarme las zapatillas a toda velocidad, las dejé debajo de la cama donde estaban e hice como que la estaba esperando con toda calma, aunque mi corazón estaba latiendo a mil por hora por las carreras y los nervios que me daban que me fuera a descubrir en la movida del sueño usando zapatillas de su hermana; ¡qué cosas una hace cuando es pequeña!

Cuando nos íbamos de regreso a casa solo recordaba como caminaba en ese cuarto obscuro y como corría mas rápido cuando ella venía de regreso para quitarme las zapatillas; y me puse mis zapatitos de niña de colegio; después que pasó ese día, sentía que ya sabía caminar con tacones.

Estaba tan emocionada que esperaba con ansias a que mi mamá fuera otra vez a visitar a su amiga Carmen, para que yo pudiera caminar en las zapatillas y sentirme grande, o sentir que ya estaba caminando en alguna parte de mis sueños. Así que cuando llegamos otra vez a su casa, Claudia y yo comenzamos a jugar y me atreví a preguntarle si podía usar las zapatillas de su hermana. Ella me dijo:

—Sí las puedes usar, mi hermana no las usa, ¡creo que ya no le gustan!

Yo con el alma quería decirle que si me las regalaba, se convertiría en uno de los regalos más especiales de mi vida porque cuando me las ponía era como si entraba en una película a mis sueños.

El problema fue que nunca me atreví a preguntarle, pasaron los años y yo seguía soñando.

Me encantaba todo lo artístico, siempre me gustaba cantar, decorar la casa; quería tener una casa elegante, con cosas finas. Recuerdo que le decía a mi papá que yo quería una casa bonita, que tuviera pasto verde afuera, y le preguntaba por qué no usaba pantuflas y una de esas batas largas, calientitas, como los señores ricos, y él me decía:

—Ay, mijita, yo no estoy acostumbrado a esas cosas. Yo soy de rancho, fui pobre, el más pobre de todo mi rancho, no había nadie tan pobre como yo, ¡mi familia era la más pobre de todas! Eso que tú dices es para los señores ricos, los que tienen sirvientes, los que tienen mucho dinero, los que son licenciados, doctores; pero no para mí, a mí no me gustan esas cosas. Yo estoy acostumbrado a mis huaraches.

Esos no eran como los de la India María, la señora María Elena Velazco que tanto nos hizo reír, a quien tanto admiramos, y que fue y sigue siendo una de nuestras actrices favoritas de todos los tiempos. Hablando de los huaraches, eran diferente estilo, pero seguían siendo huaraches; aunque mi papá también usaba zapatos, los huaraches le fascinaban, siempre decía y —sigue diciendo— que son lo más cómodo para él, aunque se le rompan los pies del talón por siempre estar descubiertos.

Yo nunca quitaba el dedo del renglón y siempre le decía a mi papá cosas como esas, de por qué no hacía estos cambios en la casa, por qué no nos íbamos de vacaciones a Acapulco y cosas así; él siempre decía:

—No sé por qué saliste así, ¿de dónde sacaste todas esas ideas?, ¿de dónde sacas todo eso?

Y comenzaban a decir que probablemente cuando

nací, les dieron la niña equivocada; algunos de mis hermanos comenzaban a decir que me habían adoptado, que me habían recogido de la basura, que alguien me había abandonado y ellos, por compasión, me habían recogido.

Sé que Dios me hizo como soy, que Él no se equivoca, y yo soy feliz exactamente como Él me hizo. Me gusta el mes y el día que nací, estoy muy feliz de ser una mujer, me encanta mi pelo, me gusta que soy muy artística, me gustan los brillos, las estrellas, me encanta la Navidad, me gustan los árboles, me encanta ver las flores, las montañas, me encanta el agua, me fascina observar toda la naturaleza y ver lo que Dios creó, ver los colores tan hermosos en las flores, las piedras, las montañas, las frutas, las hojas de los arboles, me encanta saber que el Maestro en arte es mi Creador y mi Padre; sé que me parezco a Él. Imagino lo que dice que fue a preparar morada para nosotros, calles de oro, mar de cristal; no puedo esperar para que llegue el día en que iremos con Él para disfrutar todo lo hermoso que preparó para nosotros.

CAPÍTULO III

¡Mis padres trabajaban muchísimo! En México decimos «como burros», creo que es porque los animalitos son los que trabajan muchísimo, a veces más que muchos humanos. La primera vez que vi un burrito cargado de tanta leña, quería llorar, me quedé viéndolo y le pregunté a mi papá por qué el burrito tenía que cargar todo eso. «Pobrecito burrito», decía yo; y le pregunté a mi papá:

—¿Por qué el dueño no carga todo eso y deja que el burrito descanse?

Y mi papa decía:

—¡Porque para eso tiene al burro!

Así como ese burrito con una gran carga camina largas distancias, y todavía le pegan cuando se detiene porque se cansa, así de duro trabajaban mis padres. Trabajaron para obtener todo lo que tenían. Gracias a Dios y al duro trabajo de ellos fue que nosotros no supimos lo que era la pobreza; pero aunque teníamos todo, ellos nos enseñaron siempre a trabajar duro para saber el esfuerzo que representa ganarse la vida; y gracias a Dios por eso y por ellos.

Aunque teníamos una casa grande y todo lo que necesitábamos, yo seguía soñando con cosas; pero solo existían en mi imaginación, y aunque estaban también en mi corazón, yo no sabía cómo alcanzar esos sueños; es más, creo que no sabía que podía alcanzarlos, creo que solo pensaba que eso era, como lo dice la Palabra, soñar y nada más.

En mi casa jamás escuché a nadie hablar de sueños, menos de sueños de ese tipo; todo lo que oía en esa casa era trabajar, trabajar y trabajar; y que todos debíamos colaborar para salir adelante, para que tuviéramos dinero para pagar cosas, para comprar comida, cosas así. Sí nos llevaban de vacaciones, pero a Michoacan o a Zacatepec, donde vivían mi abuelita, mis tíos y primos, ¡íbamos todos los años.

Mi papá, a la edad de catorce años, perdió a su mamá y él se quedó a cargo de sus tres hermanitos, pues el era el mayor de todos. Él quería ser profesor (y yo creo que hubiera sido un excelente maestro); pero tuvo que dejar la escuela para buscar un trabajo y traer alimento para sus hermanitos. Poco tiempo después que mi abuela paterna murió, mi abuelo contrajo matrimonio nuevamente y mi papá se sintió abandonado; sintió que había perdido a sus padres, y terminó de crecer sin padres y cuidando de sus hermanos.

Él ha sido un gran ejemplo para mí. Siempre ha sido un ejemplo maravilloso y también ha sido el mejor de los padres.

Mi mamá, por otro lado, quedó huérfana de padre a los tres meses de edad. Después, mi abuelita la llevó con sus abuelos y allí se quedó. Creció criada por sus abuelos, también sin padres a su lado. Mis padres no tuvieron alguien que los impulsara a perseguir un sueño, o que les apoyara para lograr algo que ellos hubieran deseado lograr en la vida. Mi padre tan pobre, financieramente hablando, y mi madre tenía todo con sus abuelos, digamos que ella creció siendo muy consentida, — ella lo dice de esa forma—; sus abuelos la amaron demasiado, mi bisabuelo Pablo y bisabuela Cornelia. Yo recuerdo muy bien sus rostros; ellos cuidaron de ella y le dieron todo lo que necesitaba, pero tal vez ellos tampoco supieron o escucharon hablar acerca de los sueños que la gente tiene dentro, muy muy dentro de sus corazones y quieren alcanzar, al menos en este tiempo todos oímos y sabemos que la gente tiene sueños y metas que quieren alcanzar. Para no entrar en confusiones, los sueños son deseos del corazón. Sueño significa proyecto, deseo, ideal, aspiración, ambición, anhelo, fantasía, utopía, quimera, ensueño, imagen, visión, aparición, alucinación, maravilla, preciosidad, divinidad. Todo esto significa la palabra sueño, estoy segura que existen más definiciones, pero esto no es una clase, así que lo vamos a dejar ahí; con esas definiciones ya son suficientes para poder entender el significado de la palabra sueño con toda claridad.

Pues mis padres, sin tener padres o abuelos que los impulsaran a perseguir sueños, metas, objetivos, ellos tampoco lo hicieron con sus hijos de ellos. En cierta forma sí nos impulsaban a hacer cosas buenas, a salir adelante, pero al menos a mí nunca me preguntaron si tenía un deseo del corazón o qué quería ser cuando creciera; seguramente a ellos nadie les hizo esa pregunta tampoco. Entendí que nadie nos puede dar algo que no tiene, nadie nos puede guiar en un camino que jamás ha caminado, nadie nos puede ayudar con algo que nunca ellos han enfrentado. Y ahora hablo como una persona adulta, como una mujer madura, como madre y esposa, como hija que ya creció, como una persona que ha aprendido cosas a través de sus experiencias; no es simplemente algo que escuche por ahí o algo que alguien me contó.

Quiero aclarar que no estoy aquí para señalar personas, o encontrar culpables. Creo que mis padres hicieron lo que creyeron que era mejor para todos en nuestro tiempo. Mi propósito al contar mi historia en este libro es claro y específico: A través de esta historia te quiero llevar al punto de lo importante que son los sueños, la conexión que existe entre esos deseos profundos y la autoestima, la felicidad, el gozo, el ánimo de seguir avanzando en el camino de la vida, el vivir una vida de éxito o de derrota. Quedarse frustrado y lleno de amargura estacionado, paralizado, viviendo una vida derrotada por no haber alcanzado esos sueños del corazón, es algo que te puede llevar a la enfermedad física. Por no alcanzar sueños o deseos en la vida viene la amargura, si no la sacas, trae enfermedad, cáncer, artritis, enfermedades de los huesos y articulaciones, enfermedades del corazón, la Biblia lo describe claramente. El corazón alegre constituye un buen remedio, pero el espíritu triste seca los huesos (Proverbios 17:22). Con la amargura viene el resentimiento, el rencor y el odio, y con todo eso la falta de perdón por el sufrimiento; y eso ata y encadena nuestras vidas, si no tenemos cuidado.

Piensa en lo importante que es que tus hijos, si es que tienes, alcancen sus sueños. Si puedes, ayuda a que otros alcancen sus sueños; tal vez tienes la posibilidad de ayudar a los niños huérfanos y abandonados que no tienen a nadie, y tú puedes ayudar a que ellos alcancen sus sueños. No te detengas y hazlo, por favor, porque Dios te bendecirá y estarás sembrando una semilla de amor y compasión que jamás se olvidará de la mano que se extendió para ayudarle, del corazón que fue movido para bendecirle. Como padres e hijos tenemos una tarea, todos tenemos una tarea en este mundo, todos tenemos propósitos en este mundo, nadie absolutamente nadie está aquí por casualidad, sin rumbo o sin destino. Si no lo has encontrado todavía, Dios, a través de Su Palabra, te puede guiar para descubrirlo.

CAPÍTULO IV

Recalco la importancia del apoyo emocional, espiritual, mental, financiero que necesitan las personas para alcanzar los sueños, la importancia de las dos partes, del que sueña en ese momento y del que está a su lado ayudándole a soñar y alcanzar esos sueños. Cuando las personas alcanzan sus sueños o deseos, por más pequeños que estos sean, son más felices y tienen más ganas de avanzar en la vida y de ayudar a otros. Todos tendríamos un mundo mejor si todos pudiéramos alcanzar al menos uno de nuestros sueños en la vida, viviríamos más contentos, más agradecidos y más satisfechos.

Por eso estoy tomando el tiempo para escribir mi historia en esta área de mi vida, quiero que la conozcas para que te des cuenta hasta dónde nos puede llevar en la vida; y también el gran dolor que puede causar no alcanzarlos, cómo una persona puede llegar a sufrir tanto por esa razón. Así que yo espero que este libro bendiga tu vida en una forma especial; y si necesitas claridad en algún área, me hará muy feliz ayudarte. Recuerda que todo lo podemos lograr con esfuerzo y con Dios, aunque en ese momento no tengas todo lo que necesitas, cuando pones tu sueño en manos de Dios, Él tiene las llaves, Él es la fuente para darte absolutamente todo lo que necesitas para ayudarte a cumplir esos sueños. Él es quien te dice: «¡Yo te ayudo a alcanzar tus sueños!» No importa si no hay nadie más, si Él está contigo, ten la seguridad que te encuentres donde te encuentres, estés en la condición que estés, ahí está Dios y puede llevarte todos los recursos para alcanzar ese sueño, o puede trasladarte al lugar perfecto; nada es imposible para Dios, solo tienes que amarle, creerle, seguirle, adorarle y Él se encargará de llevarte a vivir tu sueño.

La realidad es que todos tenemos deseos profundos del corazón que anhelamos se cumplan, tal vez no los decimos, pero oramos por ellos en lo secreto; posiblemente son esos que pasan por nuestra mente al apagar las velitas del pastel de nuestro cumpleaños; seguramente son esos que cuando nos vamos a dormir cada noche solo nuestra almohada y Dios saben que están ahí; quizá son los que salen a flote cuando estamos solos y nos sentimos tristes y rogamos a Dios que se cumplan; o probablemente son esas peticiones por las que pedimos sin decir qué son; o esos momentos en los que pensamos en lo que deseamos tanto que comenzamos a suspirar deseando que eso fuera realidad. Creo que de alguna manera todos los seres humanos deseamos que Dios nos abra esa puerta para ver nuestros sueños hechos realidad.

No hay nada de malo en tener sueños y expresarlos, con fijarnos metas y objetivos para cumplir en nuestras vidas. Tal vez tu sueño es volver a caminar, si es que no puedes hacerlo, tal vez que Dios te dé salud en tu cuerpo, tal vez que te levantes de esa silla de ruedas. Tal vez que el hijo (a) que desapareció, aparezca. Tal vez es que tu esposo sea salvo por la gracia de Dios. Tal vez que tus hijos que se encuentran perdidos en drogas, sean libres. Tal vez que ese problema legal donde te metiste por tomar malas desiciones, se resuelva. Tal ves estás preso y deseas ser libre. Tal vez tienes una sentencia de por vida y deseas con toda el alma que Dios haga un milagro para que el juez te reduzca los años en la prisión.

Tal vez el médico te llamó para darte un reporte malo acerca de tu salud. Tal vez perdiste tu trabajo y ya no sabes qué hacer con todas las deudas que tienes, te han robado el sueño y deseas al menos encontrar un empleo que te pague el mínimo para suplir al menos algunas de tus necesidades. Tal vez deseas y has pedido por el hombre o la mujer de tus sueños, alguien que te ame de verdad y esté dispuesto (a) a pasar el resto de su vida contigo para amarte y cuidarte. A lo mejor deseas perder todo ese sobrepeso que te ha enfermado y te ha cambiado la calidad de vida. O simplemente deseas que haya una sola persona que crea en ti. Tal vez tu sueño es convertirte en mamá, o es alcanzar una carrera profesional, o un puesto más alto en tu compañía, o en esa empresa tan reconocida donde deseas que se te abran las puertas. Tal vez tu deseo es servir a Dios; o aprender a tocar un instrumento. Tal vez es tener el amor del padre que nunca tuviste, o el amor de la madre que perdiste cuando en tu niñez. A lo mejor deseas terminar de pagar esa casa para vivir en paz, o tener tu propia casa, o tener esa cuenta en el banco para poder mudarte a otro país, ciudad, o a otro estado. A lo mejor tu deseo es retirarte de trabajar para poder disfrutar de tu vida con tu esposa y tus hijos. Tal vez tus anhelos son convertirte en esa figura pública con fama y popularidad. Tal vez deseas que tu negocio crezca para que puedas extenderte. Tal vez tu deseo es tener dinero para ayudar a los más necesitados. A lo mejor tu deseo es poder oír, ver. Tal vez tu deseo es ver la justicia en ese problema tan injusto donde te encuentras metido. Tal vez tu deseo es escribir libros o cantar. Tal vez tu anhelo es poder ser libre de esa ansiedad que te ha tenido cautivo por tantos años. A lo mejor deseas ser libre de las adicciones donde te encuentras. O simplemente has vivido tantos años bajo la opresión del enemigo, lleno de temor, amargura, soledad, odio, insomnio.

A lo mejor has sido presa del negativismo y el orgullo. A lo mejor quieres ser libre de la pornografía, de la prostitución. A lo mejor has crecido solo y deseas con toda el alma que alguien te adopte y te ame, te entienda y pase tiempo contigo, que te diga lo valioso que eres y te abrace y te dé ese amor que tanto has deseado. Tal vez quieres ser un hombre o mujer que ame la oración. Tal vez has batallado con cosas que no son agradables a Dios y deseas salir de ahí; o estás metido en la brujería o hechicería y sabes que eso trae maldición, pero no sabes cómo desligarte de eso. A lo mejor estás en una pandilla y quieres salir de ahí, y hacer buenas cosas y vivir bien.

Tal vez has sido presa del alcoholismo, o has pasado tu vida robando, engañando, adulterando o fornicando y sabes que eso no te llevará a nada bueno. Tal vez has sido presa de la amargura y el odio. Tal vez tu sueño es dormir en paz porque tienes tantas preocupaciones que te has desgastado, y ni con las pastillas que el médico te receta puedes dormir.

Dios te puede llevar a alcanzar tus sueños, y si esos deseos que tienes no son algo que va a bendecir tu vida, estando en conexión con Dios, Él te lo hará saber y sentir, de modo que cambiará ese deseo por uno que te llenará de felicidad y bendecirá a tu familia y a los demás. Todos los deseos tienen un propósito, y Dios los ha puesto allí para que sean bendición. A veces vemos imposible alcanzarlos, hasta nos olvidamos de ellos porque han pasado tantos años, que nosotros mismos tratamos de suprimirlos. Pero indudablemente lo que sucede cuando nosotros no alcanzamos esos sueños, la tristeza viene, y puede arraigarse en nuestros corazones; la amargura viene y puede dañarnos tanto al grado de enfermarnos y matarnos si no tenemos cuidado. La amargura es un veneno mortal que no debemos dejar anidar en nuestras vidas por ningún motivo; y vendrá cuando tú y yo no alcanzamos esos sueños; si no luchamos por ellos, nos iremos a la tumba poco a poco.

Una persona realizada es una persona contenta, es una persona que busca ayudar a otros, es una persona que lucha que no se detiene a pesar de las críticas o de no tener apoyo. Es por eso que yo estoy muy feliz y agradecida con Dios porque gracias a Él y a Su Palabra puedo mantenerme animada y con fe, con energía, sabiendo que no estoy sola, que el Dios que creó el cielo y la tierra vive en mi corazón, me ama y me quiere ayudar y guiar en mi vida para que yo pueda alcanzar mis sueños. Es un honor para mí ser hija de Dios; yo tengo el favor y la gracia de Dios en mi vida, y por eso todavía estoy aquí, por eso es que estoy escribiendo este libro, por eso es que no me he dado por vencida a perseguir mis sueños, esos sueños que tengo y tenía en mi corazón desde que era una niña.

Me gustaría que pudieras recibir lo que yo quiero transmitirte a través de estas palabras. Si nadie te preguntó si tienes un sueño, no lo tomes personal, piensa en que tal vez a ellos tampoco les hicieron esa pregunta, tal vez no tuvieron alguien que los apoyara, y no pueden darte ese mismo apoyo por esa razón, pero te dieron lo que pudieron, y debes estar agradecido por eso.

Si yo te estoy compartiendo esto, que es mi propia experiencia, es porque quiero que puedas visualizar hasta dónde verdaderamente esto puede afectar nuestras vidas. La amargura había llegado a mi corazón, la tristeza estaba ahí, y aunque yo luchaba en contra de eso porque sé que no viene del cielo, sé que estaba tocando la puerta de mi corazón para destruirme; a veces me ganaba por algunos momentos y paralizaba mi vida, no solo en lo que no había alcanzado sino también en mi familia, porque cuando te sientes triste por alguna cosa como esa, ni siquiera tienes ganas de hablar o de salir afuera o de convivir con alguien; por eso, no permitas que la tristeza venga a ti o se quede haciendo un nido en tu corazón, ¡sácala inmediatamente!, ¡muévete, avanza hacia adelante! ¡Anímate!, ¡persigue tus sueños! Dile a Dios —que es quien concede los deseos del corazón— que te ayude, que te bendiga, que te conceda los deseos de tu corazón (Salmos 37:4). Lo que Dios dice a nosotros es: «Deléitate asimismo en el Señor y Él te concederá los deseos de tu corazón, encomienda al Señor tu camino, y confía en Él y Él hará. Allí está uno de los principales secretos de cómo alcanzar nuestros sueños, lo otro que debemos hacer es trabajar en ellos, hacer lo que tengamos que hacer, estudiar, comer saludable si deseamos mejorar nuestra salud y perder peso, vigilar lo que comemos y hacer un tipo de ejercicio que nos ayude a lograr nuestra meta. Si deseamos tener una casa nueva o un auto nuevo, trabajemos deleitándonos en el Señor y también trabajemos arduamente, cuidemos, ahorremos, tratemos de ser buenos administradores con el dinero, cuidemos nuestro crédito para poder obtener un interés bajo. Así con cada cosa y deseo, ¡estoy segura de que lo lograremos!

Esa niña llena de sueños no tuvo lo que la pudo haber llevado a alcanzar esos sueños; aunque los años pasaron y muchas cosas que parecían impedir su trayecto, cada vez que ella intentaba entrar a una escuela, cada vez que ella intentaba algo que la ayudaría a lograr lo que ella deseaba, encontraba piedras en el camino, obstruyéndole el paso; ¡pero ella jamás se dio por vencida!, jamas paró de soñar. Esa niña, aunque pasaron los años, siguió soñando y soñando. Se reían de ella, se burlaban de ella, la menospreciaban, la humillaban, sufrió muchos rechazos que la hicieron derramar muchas lágrimas que causaron mucho dolor, pasó por momentos de desánimo, donde parecía que ella siempre estaría haciendo cosas para las que sabía que no había sido creada, que en un momento de su vida fueron la fuente de bendición para proveer para su hogar, pero que no eran su destino. Ella se aferró a Dios, al Dios que la creó, al Dios que la llamó, a ese tierno Padre que la ha amado tanto. Se paró en todas las promesas que recibió.

Un día comenzó a ver cómo podía alcanzar esos sueños, no porque alguien la apoyara, sino porque su tierno Padre es quien concede esos deseos del corazón.

Así como esa niña llena de sueños, a quien nadie le preguntó qué quería ser cuando fuera grande, que nunca escuchó las palabras que dijeran: «Te voy a apoyar siempre para que alcances tus sueños, te voy a echar porras, oraré por ti, me alegraré de tus triunfos, no te desanimes por nada ni por nadie, no te detengas, sigue hasta que los veas frente a ti, hasta que los veas hechos realidad, yo me aseguraré en lo que esté a mi alcance de que llegues ahí». Tal vez estás en esa misma situación, a lo mejor no tienes las finanzas, a lo mejor tu estima se encuentra en un nivel tan bajo que ni siquiera piensas ya en esos objetivos que antes te entusiasmaban tanto. Tal vez escuchaste o viste de algunos compañeros de escuela se graduaron, que están bien en sus vidas y tú ves que te quedaste atrás, que tal ves tomaste malas decisiones en el pasado y en vez de ser una persona exitosa, en vez de ser un ejemplo, en vez de tener una vida plena, estás con tanta dificultad que apenas vas día tras día, pidiendo prestado, viviendo con ayuda, sin ánimo de hacer algo diferente para tu vida o la de tu familia.

Esa niña que soñaba tanto, que nunca dejo ni ha dejado de soñar, te anima hoy y te dice que no importa todos los errores que hayas cometido en tu vida pasada, no importa todos los años que han transcurrido, no importa que ya estés casado, con hijos y mucha responsabilidad, no importa si ya tienes veinte o ya alcanzaste los 75 o más años de edad, no importa si nadie ha estado contigo, ¡tú puedes! ¡Tú puedes aprender algo nuevo, puedes salir adelante, puedes comenzar de nuevo, puedes tener un destino diferente! Tu destino no lo marca o define los errores que cometiste en el pasado; tu destino y tu futuro y quien realmente eres no lo definen las palabras o la opinión de la gente; tu destino lo tiene Dios en sus manos, aquel que te formó con un propósito bien definido, de bien y no de mal; pero el enemigo de tu alma sabiendo el gran potencial que hay en ti, sabiendo que serás de gran bendición para el mundo, trato y ha hecho lo imposible para destruirte y desviarte, ¡no lo permitas!, ¡recobra fuerzas ahora mismo!, ¡levántate!, ¡sacúdete el polvo, las cadenas de maldición, de pobreza y miseria, de conformismo y depresión, despójate de todas esas cosas vanas, de todos esos estorbos, y párate firme, camina hacia adelante! ¡Párate en las promesas que Dios te da, comienza a trabajar en lo que te gusta! Si necesitas regresar a la escuela, hazlo. Si necesitas tomar algunos cursos, hazlo. ¡No pierdas tiempo! ¡Comienza ahora! Marca tu destino con bendiciones, porque Dios ya te ha bendecido desde el principio. Si hay gente que no es positiva y no te bendice, no te apoya, si tratan de desanimarte, ámalos, bendícelos, pero aléjate de ellos, no los escuches cuando hablan negativamente, cuando se burlan de ti porque ahora quieres hacer las cosas bien. Ámalos y déjales saber que sus palabras no están bendiciendo tu vida; y si ellos continúan tendrás que acostumbrarte a ignorar todas esas actitudes y palabras.

Fue una noticia muy catastrófica para nosotros. Cancelé mi trabajo y me fui al hospital, estaba en cuidados intensivos con una máscara para poder respirar, conectado a varias máquinas. Me asusté cuando lo vi, ya estaba en coma, no pudimos hablar nunca más. Él no tenía más familia que nosotros. Inmediatamente llamé a sus padres para darles la noticia, fue devastador, solo un milagro lo podía salvar, sus padres hicieron cadena de oración con sus amigos y familiares, prendieron veladoras y no pasó nada. Por la tarde fui a recoger a mis hijas a la escuela y fuimos al hospital con ellas, allí los doctores nos llamaron y nos dieron la fatal noticia: su corazón no resistió más a ningún tratamiento y se fue. Estuvieron allí mis hermanos, primos, cuñada y sobrinos.

La iglesia donde me congregaba organizó un funeral con los miembros que nos querían, asistieron algunos compatriotas, mis dos hermanos y mis dos hijas. Lo habíamos cremado, por eso solo las cenizas estuvieron presentes. Después se las les mandé a sus padres y hermanos. Me quedé sola, tuve que conseguir dos trabajos para cubrir los gastos del hogar. Limpiaba casas en el día y oficinas por la noche. Nunca pedí ayuda del gobierno ni de mi familia para poder sobrevivir, solo trabajé muy duro, al punto que los fines de semana no me quería ni levantar, me dolían mucho los brazos ya que todo mi trabajo era manual, pero nunca nos faltó comida ni techo, además, me alcanzaba para ahorrar.

Jamás me imaginé que después de cuatro años de haber llegado a esta nación cargados de emociones y con la mentalidad positiva de cambiar nuestras vidas, pudiera pasar esta desgracia. Allí me di cuenta que la vida es muy efímera, hay que disfrutarla de la mejor manera con las personas que amamos haciendo siempre el bien a los demás, para que si te sucede algo te vayas con la mejor sensación de que hiciste lo mejor por tu familia y que también Dios te perdone y te reciba en su santo reino.

Aquí fue donde conocimos a mi perrito Tobby, nos enamoramos y lo compramos. Tenerlo en casa fue una bendición muy grande para nosotros, ya que me motivaba todos los días para salir a caminar, para salir a respirar aire fresco y pensar que cada día es un nuevo amanecer y que tenemos que seguir luchando porque necesitamos seguir comiendo. Él fue el que nos ayudó a mitigar este dolor tan grande. En la casa, él nos recibía siempre con mucha alegría moviendo la cola, se sentaba a mi lado en el sofá yo lo acariciaba y creo que la vida fue mucho mejor con él, la pérdida de un ser querido es un dolor muy grande que dura años. Solo con la ayuda de Dios lo pudimos superar.

CAPÍTULO V

Quiero ser ese ejemplo para ti y para muchos, que a pesar de todos los obstáculos que me ha tocado enfrentar, aquí estoy preparándome, siguiendo adelante, estudiando, aprendiendo, alcanzando metas, ¡creciendo! Esforzándome para llegar hasta el último escalón de cada escalera que me toque subir. Tengo, quiero y debo cumplir mis propósitos en cada una de ellas, en cada paso, en cada camino; no importa los obstáculos que se atraviesen en mi camino; mis ojos están puestos en la meta final, en donde quiero llegar, no en los obstáculos y las paredes o desiertos que están en el camino.

Retomé mis estudios cuando me casé, gracias a Dios, por el apoyo que tuve del hombre con quien compartía la vida. Comencé a estudiar cursos y más cursos de tantas cosas que me gustaban tanto. Regresé a la escuela. Las cosas no eran fáciles, pero Dios siempre me ayudaba. También mi nena siempre me daba su apoyo; tenía que sacrificar tiempo con mi familia, levantarme más temprano y apurarme a terminar con mis responsabilidades de la casa y familia antes de irme; quería ser responsable en todo; siempre traté y sigo tratando de hacer todo con excelencia. Un día, sin pensarlo ni planearlo, me tocó enfrentar una de las situaciones más difíciles y dolorosas de mi vida entera: un divorcio. ¡Tenía una familia hermosa a la que amaba tanto! Pero hubo circunstancias que estuvieron presentes desde un principio, que por más que traté, no pudieron cambiar; y llegó un día que me rendí ante esa situación que me estaba haciendo daño y que fue empeorando cada día. Me tomó muchos años superarlo, ¡y tuve que comenzar solita y desde cero! Decidí que quería ir a otro país para ver si cambiando de ambiente, mi hija y yo nos sentiríamos un poco mejor y eso nos ayudaría a seguir avanzando. Sufrimos muchísimo, comenzamos a enfrentar cosas en nuestra vida que jamás habíamos imaginado.

Mi hermana Noemí y su esposo, José, que vivían en Longview, Texas, con todo su amor nos ofrecieron ayuda y pudimos quedarnos en su casa hasta que nos estabilizáramos. ¡Recuerdo que ella nos recibió con tanto gusto! Fue a comprarnos un espejo y algunas otras cosas para que estuviéramos cómodas. Con ella, aunque es la menor de toda la familia, aprendí algunas cosas que no sabía; yo me había quedado como en la etapa de la papa, y ella me enseñó cosas que jamás olvidaré. Era el primer día de ir con ellos a la iglesia y nos estábamos arreglando, cuando le dije que ya estábamos listas, ella checo todo en mí y me dijo, así no vas a ir, ¿estás loca? Sin saber de lo que ella hablaba, en eso me dijo: ¿vas a ir como chango? ¿Chango? Ni idea tenia, ella me dijo: ¡depílate las piernas, yo viviendo en la era del caldo! Le dije ¡ay no! ¿Mis piernas? ¡Mis piernas están bien! Y aunque ella exageraba con lo del chango, mis pocos bellos claros parecían eso para ella. Sin saber cómo le dije: no sé cómo, ella me dijo con un rastrillo y con tanto miedo de cortarme comencé tan despacio, queriendo llorar porque mis bellitos se irían para siempre y no sabía cómo me iba a ver, ella me dijo: ¡ya no seas exagerada! ¡Sentía que mis pelitos rubios que me tardaron tantos años en salir se iban para siempre! Me sentía femenina con ellos puestos, entonces titubeando me dijo: Dame ese rastrillo, y ella termino la depilación y me dijo: ¡ahora si! Ya nos podemos ir: ¡qué cosas! ¡Así aprendí eso de mi hermana menor! ¡Después pensé que nunca en mi vida quiero parecer chango! ¡Memorias que jamás olvidare!

Siempre estoy agradecida con ellos por su gran ayuda porque en uno de los momentos más tristes y dolorosos de nuestras vidas ellos nos extendieron su mano, ayudándonos en todo lo que podían. La estancia en Longview fue muy bonita, muy placentera, fue emocionante y diferente. Recuerdo tantas cosas de ahí, como cuando cayó nieve, todo se veía hermoso, ese lugar en particular es precioso, es uno de mis lugares favoritos hasta hoy.

La gente de la iglesia del pastor Agusting Campos y su amada y preciosa esposa, Mere Campos, fueron tan grande bendición para nuestras vidas; jamás les olvidaremos. Todos fueron muy lindos. Tenemos hermosos y gratos recuerdos de todo. El único recuerdo que a mi hermana no le gusta fue que se fueron a un retiro y nos dejaron a la niña encargada, era Dara; mi hija y yo pensamos que Dara necesitaba un nuevo look, así que le cortamos el pelo y la bañamos, se veía muy bonita y queríamos darle una sorpresa a sus padres cuando regresaran; pero la sorpresa fue que no la querían con cabello corto y nos regañaron.

—¿Por qué le cortaron el cabello? ¿Quién les dijo? —nos preguntaron.

—Ella nos dijo —dijimos.

—¿Cómo que ella les dijo?, si apenas esta aprendiendo a hablar.

—Pero sabe decir «sí» y «no» con la cabecita —respondimos nosotras—. Cuando le preguntamos: «Dara, ¿quieres que te cortemos el pelo chiquito?» Ella movió la cabeza diciendo que «sí»; y pues no quisimos decepcionarla, así que Madai le dijo: «No te muevas, vas a quedar bien bonita para cuando venga tu mamá». Y ella no se movió, se quedó tan quieta que no sufrimos para nada, fue muy buena cliente y le dimos un dulce cuando terminamos con el corte de cabello. Así que la metimos a bañar, la cambiamos y la peinamos.

Y así pasó el cambio de look, lo malo es que a su mamá no le gustó. Guardamos los cabellitos de recuerdo en una bolsita, pero ella ya no se los quiso pegar, así quedó hasta que le creció el cabello. Después, cuando se iban, nos decían que se iban a llevar las tijeras con ellos, y decía mi hermana:

—¡No le vayan a cortar el pelo a Dara!

Bueno, solo queríamos que Dara estuviera contenta. ¡Qué cosas! Si los dejan a cuidar un niño, no le cambien el look, porque si hacen eso, les van a dar un *look* diferente a ustedes. ¡Es broma! Noemí siempre ha sido una buena hermana, a quien amo con todo mi corazón; y aprecio su ayuda.

Nunca imaginé que estaríamos en Texas haciendo todo eso, lo que sí sé es que todo era plan del Señor para llevarme a ver mis sueños hechos realidad; aunque mis sueños tuvieron que quedarse estacionados por un tiempo, jamás perdí la esperanza de que un día podría retomar el camino para llegar a ellos.

Después de unos meses nos mudamos para el estado de California, y aquí nos quedamos. Comenzamos otra aventura de la vida aquí. Yo estaba buscando trabajo y el primer empleo que encontré, como la mayoría de las mujeres que venimos, fue limpiar casas. No tenia nada. Mi hermano Pedro y su esposa, Maricela, nos dejaron quedarnos en su casa; y él me prestó un auto viejito que tenía, con eso me iba orando todo el camino porque no conocía nada. Me pagaban muy poco por ese trabajo, así que yo seguía buscando un empleo.

Mi otro hermano conocía a un señor que vendía fresas. Mi hermano le compraba fresas todo el tiempo, y ese día yo lo acompañé; y en plática, él le dijo:

—Ella es mi hermana que acaba de llegar de Texas.

—El señor me saludó amablemente; y mi hermano añadió—: Está buscando trabajo.

El señor me preguntó:

—¿Estás buscando trabajo? ¿Qué clase de trabajo?

—No sé, lo que sea —respondí.

—¿Quieres ayudarme en el negocio de las fresas?

Yo, con la necesidad de trabajar, le dije que sí, y él me dijo:

—OK. Te vas a quedar aquí, vendiendo fresas.

Él me citó todos los días a las siete de la mañana; me dijo:

—Lo único que tienes que hacer es que vas a abrir la tiendita, vas a acomodar las fresas para que se vean bonitas, y vas a venderlas. Puedes regar la tierra para que no se levante el polvo, pues solo te estás aquí. Puedes sentarte. Trae un libro para que leas mientras no tienes clientes y para que no te aburras.

¡A mí jamás me gustó vender nada! ¡Jamás! Yo ayudaba a mis padres en sus negocios, pero no me gustaba vender, me daba mucha vergüenza, pero necesitaba un trabajo, estaba lejos de mi país y no tenía casa propia, necesitaba un auto y sacar a mi nena adelante; así que acudí bien puntual y peinadita Me gustaba la casita pero no me gustaba vender las fresas. Me daba tanta pena, no sabía qué hacer, la gente no me conocía, y yo no conocía nada de ese lugar nuevo; no quería que nadie me viera vendiendo fresas. Lo que no entendía era que ese lugar y ese trabajito era una escalera que me llevaría a algún lugar para encontrarme con otra escalera y subir a otro edificio más alto y así alcanzar esos sueños tan deseados.

Me apresuraba a acomodar todas las fresas, trataba de que se vieran todas hermosas, deliciosas y frescas. Después que regaba la tierra con el agua, me metía en la casita y me sentaba en la silla porque no quería que nadie me viera. Le pregunté al señor:

—¿Tengo que gritar: «¡Fresas, fresas!» o esperar a que llegue alguien que quiera comprar?

Él dijo:

—No, no tienes que gritar nada. La gente que quiera se va a parar a comprar solita.

Cuando él dijo eso, respiré profundamente y dije dentro de mí: «¡Ay, qué bueno!, ¡de la que me salvé!»

Y le dije:

—¿Tampoco tengo que salir con letreros que anuncien fresas?

Y él dijo:

—No, ¡tampoco!

Dije: «¡gracias, Dios!» Pues ahí estaba yo. Me sentaba en la silla, me hincaba a orar, y a veces oía que alguien gritaba:

—¿Hay alguien aquí?

Entonces yo levantaba la cabeza muy despacio; y me decían:

—Creí que no había nadie.

—Sí, estoy aquí —respondía.

Ellos compraban las fresas y se iban. Yo no quería que nadie me viera y siempre me escondía. Duré escondida por un mes, era como un martirio estar ahí, solo por la vergüenza, hice unos ahorros y al mes pude comprar un vehículo viejito; pero mi nena y yo oramos al Señor pidiéndole su dirección para comprar ese carro, y el Señor nos escuchó; así que nos guió a un lugar y compramos el carro. Era un vehículo usado; me lo dejaron en pagos, gracias a

Dios, pero tuve para el enganche y lo fui pagando; fui muy puntual en mis pagos y terminé lo más pronto posible. Ese carro fue un testimonio también, fue un milagro de Dios que les contaré en otro libro de milagros que estoy escribiendo; pero Dios fue tan bueno que ese carrito nos llevó a todos lados y jamás tuvimos un problema con él; ahora entiendo que estaba un poco caro en esos años, mas Dios me suplió y abrió puertas para que yo pudiera pagar todo. Ya que tenía un vehículo comencé a buscar otro empleo y encontré uno en un restaurante, y comencé ese nuevo trabajo. Le di tantas gracias a Dios por todo lo que el estaba haciendo.

A veces no entendemos que las cosas que estamos atravesando un día nos van a servir para ayudar a otros, y que también en cada una de ellas Dios tienen un propósito. Cada una de las experiencias que tenemos son un escaloncito en esa escalera que nos llevará a aprender algo nuevo, que nos llevará más arriba. En muchos momentos de nuestra vida vamos a tener que cambiar de escalera y de lugar, de ciudad, de país, de lenguaje, de edificio; pero cada escalera que vamos a utilizar será para aprender, para subir y para llegar a nuestro destino. A veces necesitaremos escaleras más altas, más grandes, más fuertes; pero cada una tiene un propósito en nuestra vida. Y todas las escaleras por las que he tenido que subir en mi vida han tenido algo que ver con la parte anterior de mi vida que conecta con la que sigue y que me han llevado hasta donde me encuentro ahora mismo. Sé que estoy subiendo en una escalera alta, fuerte que me llevará a un lugar más alto, donde hay algo que voy a tomar. Es por eso que necesitamos estas escaleras.

¡Este libro tiene un propósito poderoso! Y aunque no lo creas, ha estado en mi corazón desde que yo era una niña también; era otra de las cosas que mas llamaban mi atención: ser escritora. Me encantaba la locución, la radio, la comunicación, el periodismo, todas esas cosas; sin saber que Dios me llevaría a cada una de ellas poco a poco; y este libro que estás leyendo es uno de esos grandes sueños que tenía en mi corazón. Estoy en esta escalera a la que deseaba llegar hace mucho, pero ahora el tiempo esta aquí para mí, la escalera esta aquí, estoy en el edificio que debo estar y tomaré mi parte, veré el sueño realizado, lo tendré en mis manos y seguiré con mi sueño que sigue. Así debes hacer tú, no pares, ¡sigue! Porque tal vez hay muchas escaleras que te esperan, que te van a llevar a esos sueños tuyos.

Ese escalón pequeño de las fresas me llevó a comprar mi carrito y prosperar en esa área para poder movilizarme y no tener que depender de alguien; y así seguir adelante. El sueldo que obtuve ahí fue el dinero que Dios me proveyó para comprar ese carro; y así seguí mi viaje por la vida. Por eso no debemos desanimarnos, aunque no nos guste vender fresas, aunque no nos guste dónde estamos o lo que estemos haciendo en ese momento, debemos seguir y seguir adelante con ánimo y con visión para llegar a nuestro destino y a nuestro sueño. Yo no me quería quedar vendiendo fresas toda mi vida, no nací para eso, pero fue una parte pequeña en mi vida que tuve que pasar. Cuando llegué a California, limpié casas; cuando yo vivía en mi país, jamás trabajé limpiando una casa; al contrario, tenía alguien que me limpiaba la casa, que me cocinaba, si necesitaba, que me lavaba la ropa o me hiciera los mandados; pero me encontraba en una situación totalmente diferente: estaba en otro país, con gente que hablaba otro lenguaje, y no tenía nada; aunque estaba acostumbrada a tenerlo todo, aquí no tenía absolutamente nada en ese momento de mi vida.

El Señor nos ayuda y debemos aprender a tener y a no tener, y también a estar contentos con lo que tenemos. Gracias a Dios por todo. Dios nos fue ayudando y así llegamos a rentar un lugar pequeño donde mi nenita y yo estábamos muy en paz. Dios me había bendecido con el trabajo y con mi carrito, y ahora ya teníamos un lugarcito para vivir las dos.

CAPÍTULO VI

Pasaron algunos años y nos tocó enfrentar abusos y violencia de todo tipo, cosas horribles que me tocó vivir junto con mis niños; jamás imaginamos que enfrentaríamos todo eso. Nuevamente estábamos pensando que estaríamos felices y protegidas, tratando de comenzar una familia, ¡pero nos encontramos con una de las peores pesadillas de nuestras vidas! Así que ahí me encontraba yo: sin salud, sin médico, sin dinero, sin trabajo, sin ánimo por todos los engaños que sufrimos, por las desilusiones, por las mentiras, los golpes físicos y emocionales, todo ese horrible abuso, amenazas hacia mi persona y hacia mi familia, hacia mis hermanos que estaban en California, las injusticias y los falsos que me habían levantado, las palabras groseras y sin misericordia hacia mis niños y hacia mi persona.

Jamás olvido todos esos momentos horripilantes de cómo era arrastrada por el piso, ese hombre jalándome de mis cabellos, estrangulándome y a mi niña también, las dos gritando con todas nuestras fuerzas sin que nadie nos pudiera escuchar; ahí estábamos, llenas de terror. Fue una gran pesadilla, un verdadero infierno lo que vivimos con ese hombre, mis niños y yo; sufrimos tantas cosas que no las puedo mencionar, algunas son más terribles de lo que cualquiera se pueda imaginar. Qué triste es cuando una se encuentra en una situación como esa, sintiendo la impotencia de no poder hacer absolutamente nada. Nosotras sabemos que solo la mano del Señor nos guardó de morir, los tres estuvimos en peligro de muerte muchas veces; y alguien también trató de darme algo de tomar para que perdiera a mi bebé que estaba en mi vientre. Pero Dios destruye los planes de la gente mala, de la gente derramadora de sangre. El Señor, mi amado Padre, siempre nos protegió y nos sigue y seguirá protegiendo. El enemigo trató incontables veces de acabar con mi vida, pero Dios jamás lo permitió, pues Él me trajo aquí con un proposito y me llevaría a ver mis sueños hechos realidad.

En ese tiempo tenía citas en la corte para enfrentar otro divorcio, donde tuve que escapar para salvar la vida de mis niños y la mía. A veces ya no podía sonreír; siempre fui una niña risueña, amistosa, sin malicia, sin maldad en mi corazón, llena de amor para dar, para amar, para perdonar, pero ¡ahora mi corazón estaba roto! Roto en mil pedazos. No sabía a dónde ir, ¡mi situación era tan difícil y dolorosa! En esos momentos deseaba tener un lugarcito, aunque hubiera sido el más pequeño de la tierra, para estar tranquila con mis niños y donde yo pudiera llorar y desahogarme de todo lo que estaba viviendo, pero tristemente no fue así.

La vida no ha sido fácil para nosotras, y aunque en esos momentos no entendíamos por qué estábamos enfrentando algo que era tan injusto, algo que realmente no merecíamos, hoy sabemos que Dios desea que nosotros compartamos esas historias para ayudar y animar a otros. Después de toda esa pesadilla que vivimos, Dios nos ha bendecido y ha permitido que bendigamos a otros. Después de todo ese horrible y doloroso sufrimiento, algunos miembros de nuestra familia han recibido parte de esa bendición, la bendición que Dios nos dio se ha extendido; el propósito de Dios se ha cumplido, porque aunque el enemigo de mi alma utilizó a alguien con la intención de acabar con mi vida, Dios no lo dejó.

Dios me tiene en las palmas de sus manos y me ha guardado y protegido. Aquí estoy aunque me encontré en peligros de muerte, aunque me estaba muriendo, con mi sangre toda infectada, producto de una agresión y la negligencia de médicos que dejaron la placenta dentro de mí; mi rostro ya estaba verde, mi piel y apestaba a perro muerto, ¡mi sangre estaba completamente negra! Y apestaba a algo putrefacto; aun con otra cirugía, me estaba muriendo; pero allí es donde el Señor abrió el Mar Rojo para mí; allí fue donde vi Su poder y Su gloria otra vez en mi vida; allí vi Su amor por mí y su propósito para mi vida; así que no importa cuántos y qué tan grandes son los intentos que el enemigo hace para destruirte, cuando tú tienes a Dios en tu vida, cuando le perteneces a Él, cuando le amas y cuando su propósito para ti no se ha terminado en esta tierra, ¡ni la misma muerte te podrá tocar! ¡Ese es mi Dios a quien le canto y del que yo hablo! He visto Su poder maravilloso y milagroso en mi vida y mi familia, y lo veo todos los días, lo seguiré viendo hasta el final. De ese Dios que me ha sacado y me ha encaminado a mis sueños, de ese Dios es de quien te hablo, para que dejes tus sueños y tu vida en sus manos y logres lo que el ser humano no puede lograr por sí solo. La vida no es fácil, y menos para alguien que ama a Dios con todo su ser y que desea servir a Dios con todo su corazón, ¿por qué? Porque el enemigo de mi alma sabía todo el potencial que Dios puso en mí, todo el ánimo y el amor por Él y por la oración, el espíritu de oración que Dios me dio.

El enemigo de mi alma siempre ha sabido que soy un peligro para el reino de las tinieblas, que si levanto mi voz y hablo las maravillas de Dios, miles de almas serán tocadas y vendrán a los pies de Cristo; que si yo abro mi boca para cantarle a mi Señor, el poder de la unción y el Santo Espíritu de Dios desciende con poder y se rompen las cadenas de opresión, y Cristo comienza a libertar a los cautivos y oprimidos por el diablo, ¡la unción viene y se pudre todo yugo de esclavitud! Que cuando yo me levanto en esa guerra espiritual, los demonios huyen, ¡porque yo sé quién soy en Cristo! Sé la autoridad que Dios me ha otorgado y también sé que una vida de obediencia y santidad es clave para que la gloria del Señor descienda con gran poder en la vida de la gente. Yo amo al Señor con todo mi corazón, amo la oración, mi corazón esta agradecido con Dios por todo su amor para mí y mi familia. ¡Por qué crees que el enemigo no peleará para mantenerme paralizada! ¡Para destruirme, para impedir que yo haga lo que Dios me llamó a hacer! Él quiere que mi boca esté cerrada, que yo esté triste y amargada, que yo no tenga ganas de orar, de adorar, de agradecerle a Dios por todas sus bondades en mi vida. ¡Pero eso no será posible!, porque yo le pertenezco a Dios y Él me guarda y me sostiene, ¡así como lo ha hecho hasta el día de hoy!

Estando en otro país, con un idioma desconocido para mí, sin tener esos documentos legales para poder trabajar, sin casa, sin dinero, sin trabajo, sin salud, sin seguro médico, con muchas citas en la corte y muchos problemas, con mi sistema nervioso extremadamente alterado por toda la violencia y amenazas que había vivido; solo tenía a mis niños, mi carro y nuestras cosas personales como ropa y zapatos, ¡era todo! Mis niños y yo nos quedábamos donde nos daban permiso de quedarnos, a veces en una cama, un sillón, a veces en el piso. Estábamos enfrentando cosas que jamás habíamos vivido y que jamás habíamos pensado que algún día pasaríamos.

Descubrimos que el mundo era totalmente diferente a lo que nosotros conocíamos, ¡las palabras horribles que nuestros oídos escuchaban de esas personas fue algo horrendo! ¿Mi ánimo para seguir adelante estaba siendo ayudado por todo eso? ¡Claro que no! Pero siempre había un Padre tierno que me amaba, me abrazaba y me consolaba, aquel Padre tierno al que yo clamaba cada vez que sentía que estaba muriendo, que estaba a punto de un embolio cerebral, a punto de un ataque de corazón. Hoy, gracias a Dios, tengo la fuerza para hablar de eso y compartirlo en este libro, y donde Dios me dice que lo comparta para ayudar a otros, para animar a aquellas mujeres que están enfrentando las mismas cosas que me tocó vivir junto a mis dos preciosos niños.

CAPÍTULO VII

Aunque en esos momentos, de verdad, no entendía el propósito que Dios tenía para mí vida a través de vivir todo eso, sabía que Dios me decía: «Todas las cosas ayudan a bien a los que aman a Dios, a los que conforme a su propósito han sido llamados». Así que esperaba un milagro, algo nuevo para mi vida; sabía que quien me había dado la promesa siempre había sido fiel para cumplirla, porque Él siempre me había sostenido y cumplido sus promesas en mi vida.

Aunque no tenía nada y me sentía sin fuerzas, seguí adelante; y en cuanto tuve la oportunidad, regresé a la escuela. Comencé a aprender cosas nuevas, a sonreír, ¡seguí soñando en grande! Aunque lloré millones de lágrimas, aunque me tiré en el clóset y en el baño para derramar mi vida delante de Dios, para que sanara mi alma y me ayudara en todos esos momentos de dificultad, para que sanara el corazón de mis niños, el alma de ellos, ¡me pude levantar! Dios me levantó con sus tiernas manos, me tomó en sus tiernos brazos, me abrazó, me acarició, me limpió, me lavó, curó esas heridas, me vistió con ropas nuevas, con ropas especiales, puso un anillo en mi mano, me coronó con favores y misericordias, sopló su aliento de vida sobre mí, me ungió con aceite fresco, derramó el perfume más hermoso, exquisito, fino, sobre mí; podía ver el oro en polvo que caía sobre mí, mis manos brillaban, y Él me dijo: «Tú eres mi hija amada, tú eres mi hija amada, tú eres mi hija amada y yo soy tu Padre amado. Siempre estaré contigo, tú puedes hacer todo en mí, ¡yo soy tu fuerza!»

¿Por qué te cuento todo esto? ¿Qué tiene esto que ver con los sueños? ¡Nuestra vida en general y nuestros sueños tienen una conexión impresionante! Están enlazados, si uno camina hacia adelante, el otro también avanzará; si uno se cae, si retrocede, si se queda paralizado, el otro hará lo mismo. Una persona contenta es una persona que lucha; una persona que alcanza sus sueños es una persona que sigue soñando; una persona que ha logrado cosas importantes en su vida, es una persona que ayuda y anima a otros a hacer lo mismo. Pero una persona que no alcanza sueños se siente incompleta, insatisfecha, insegura, triste, se puede llegar a sentir frustrada y por seguro la amargura va a ser su compañera hasta que no se levante y la eche fuera.

No importa lo que has pasado en tu vida, o cuántas decisiones equivocadas has tomado, cuánta gente te ha menospreciado, cuántas veces lo has intentado y has caído, ¡importa que nunca te canses de seguir intentando! Lo que importa es que siempre te levantes con ánimo y camines hacia adelante buscando nuevos horizontes, buscando alcanzar esos sueños que están desde que eras pequeño, aunque nadie te motivó a perseguir algo bueno para tu vida. Sigue adelante, ¡que tu motivación sea Dios!

Tu Padre, tu Creador, aquel que promete que puedes ver tus sueños realidad si le amas y le buscas y te deleitas en Él, ¡la verdad es que si lo tienes a Él, ya ganaste! ¡Porque Él es el dueño de todo el oro y la plata en el mundo! Él puede darte lo que tu necesitas, puede abrir el Mar Rojo para que cruces, y también te puede bendecir con oro y plata, y todo lo que necesites para realizar tu sueño, así que realmente lo que todos necesitamos para alcanzar nuestros sueños en este mundo es Dios. ¡Mucho ánimo y trabajar en lo que tengamos que hacer para lograrlo!

Así como tú y cada ser humano en el mundo, yo tenía muchos sueños en todos los aspectos de mi vida, no los logré cuando los deseaba y cuando hubiera podido obtener mas de ellos. Pero sí seguí adelante y, gracias a Dios, he alcanzado algunos de ellos, por ejemplo: fui al colegio por casi dos años para graduarme como asistente médico. Yo quería tener un mejor trabajo, más respetable, ganar un poco más de dinero para darles a mis niños una mejor vida y también para sentirme mejor conmigo misma. Tuve la oportunidad de participar como voluntaria en una feria de la salud donde se brindó ayuda a la comunidad y se ofrecieron servicios gratuitos para las personas. Me sentí tan feliz de haber sido parte de ese hermoso e interesante evento. Tomé otros cursos que serían de gran ayuda para mí en el campo de la salud; yo quería aprovechar cada momento que tenía para estudiar y superarme; ¡me encanta el interesante campo de la salud! Me sentí muy satisfecha cuando supe cómo ayudar a alguien que no se sentía bien físicamente, sabiendo que mi ética profesional, mi compasión y mi conocimiento podían hacer sentir mejor a ese paciente. Cada vez que llamaba a un paciente para tomar sus signos vitales y tomar su información del porqué visitaban al médico, era una experiencia única y emocionante para mí, ¡siempre trataba de darles ánimo! La mayoría de ellos no querían parar la conversación conmigo, sus rostros cambiaban de inmediato cuando comenzaba a darles palabras de ánimo; el doctor de la oficina médica recibía mensajes directo de los pacientes, como: «Grace es la mejor asistente médico que he tenido en toda mi vida»; ¡eso me hacía sentir muy feliz! No me gustaba cuando los pacientes estaban muy preocupados por su salud, pensando que tenían algo muy malo o que podían morir de esa enfermedad. Yo oraba por cada uno de ellos, aunque ellos no lo sabían y tal vez jamás lo sabrán. Sé que es una gran bendición cuando hay alguien que conoce y ama a Dios que ora por las personas donde quiera que están, sin necesidad de conocerlas. Así que, cada vez que tengas la oportunidad, ruega por las personas que sufren, eso es una gran bendición; y si se presenta la ocasión, comparte con ellos el regalo de conocer a Jesús.

Algo que no me gustaba era poner inyecciones a los niños, ellos siempre se espantaban, pensando que les dolería el piquete; creo que se imaginaban a esa pequeña aguja como un gran misil que rompería su bracito; pero si me tocaba hacer ese trabajo, trataba de meterles en la cabecita que ni siquiera se darían cuenta cuando la aguja entrara en su bracito. ¡Algunos lloraban del susto! Pero cuando les decía:

—Ya terminamos.

Decían:

—¿De veras? ¡No sentí nada!

Y yo les decía:

—¡Te dije que no sentirías absolutamente nada!

El equipo de profesionales con los que trabajé y me desenvolví me enseñó muchísimo. Todos fueron pacientes conmigo desde el principio hasta el final; aprendí de todos, ¡se portaron super bien! Cuando me fui de ese lugar, los extrañé, nunca los olvidaré; siempre los recuerdo, fue una maravillosa y única experiencia.

Hace poco llamé a esa oficina para ver al doctor y saludarle. De vez en cuando pasaba por ahí y les saludaba, ¡siempre me recibían con muchísimo gusto! Para mi sorpresa, el día que llamé no pude hablar con el doctor, quien era dueño de la oficina médica, insistí en llamar después de dos meses y recibí la triste noticia que el doctor había muerto por la COVID-19. ¡No podía creerlo, ¡me quedé en shock! El doctor era joven, y era tan bueno y amable; tenía tantos pacientes de muchos años. Cuando él falleció, el personal que trabajaba con él, se fue, eran como familia, estaban ahí por muchos años. Imagino cómo se sintieron, ¡ese fue un golpe duro!

Esas son algunas de mis experiencias como asistente médico, algo que enriqueció mi vida de forma muy particular. Estaba muy feliz a partir del momento que me gradué, sabiendo que todos los sacrificios, las desveladas, el cansancio, los largos viajes que hacía diariamente para llegar a esa escuela, dejó algo muy bueno en mí.

CAPÍTULO VIII

Gracias a Dios, he podido ayudar a muchas personas con alguna sugerencia cuando me preguntan algo, o a veces cuando escucho alguien que necesita ayuda y no sabe qué hacer o para qué sirve esto o aquello, si yo sé, le ayudo con mucho gusto. Sé que ahora sí puedo ayudar de una manera segura y profesional. Desde que era pequeña me interesaba aprender acerca de la medicina, así como de lo natural, es muy interesante y muy útil aprender acerca de ello, así que no fue tan difícil para mí integrarme en ese terreno. Hoy me siento muy contenta porque Dios me ayudó para lograrlo, dándome ánimo y fuerza siempre para seguir y perseguir mis sueños. Él siempre estaba diciéndome: «Yo te ayudo a alcanzar tus sueños»; pero yo no escuchaba esa voz, no sabía identificarla, tenia en mente que solo la gente está a nuestro alrededor me podían decir esas palabras, y si no las decían, nadie más se interesaría en ayudarme.

Me siento útil y feliz al saber que en mi familia puedo ayudar con el conocimiento que ahora tengo. Creo que Dios siempre nos da de su gracia y nos premia para motivarnos a seguir pase lo que pase en nuestra vida. El colegio me eligió entre otras estudiantes para la promoción del mismo, y entré al final certamen; al final fui la elegida para ese gran evento. Me llamaron de la dirección, y el vicepresidente me dio la noticia; me invitaron al tour en Orange County y Los Ángeles, donde pusieron 60 grandes anuncios con mi fotografía que anunciaba el colegio. Fue una experiencia inolvidable; tenían miles y miles de boletas a color con mi fotografía y estaban contratando a personas y a los mismos estudiantes para repartir todas esas tarjetas en aquellos condados. ¡Todo era una gran bendición! Ese era un sueño extra que Dios me estaba regalando en ese tiempo, para mí fue una muestra de Su amor por mí.

Siempre se levantará gente en contra de nosotros, sin que les hayamos hecho algo, sin que ni siquiera nos conozcan, y eso también me sucedió. Tuve que soportar gente que me levantaba falsos, que se burlaban de mí, que trataban de ensuciar mi nombre inventando cosas, pude darme cuenta que esas personas estaban llenas de amargura e insatisfechas con sus propias vidas, por eso actuaban así. Algunas de mis compañeras, solo eran como tres las que en alta voz decían:

—Dejen en paz a Grace, ¡ella no les hace nada! ¿Por qué la odian tanto? Son solo envidias.

Trataban de decirme que no les hiciera caso a esas personas. A veces es difícil cuando tratas de dar lo mejor de ti, y se levanta gente que trata de destruirte. Me di cuenta que estas personas habían hablado hasta con los maestros y directiva para hacerme quedar mal;

hablaron tantas cosas que cuando lo recuerdo, oro por esas personas. La amargura es un veneno mortal que cuando llega al corazón de la gente, trata de hacer la vida imposible a la gente productiva y feliz; seguramente la amargura estaba en el corazón de todas esas personas que no podían verme feliz. No tengo nada en contra de ellos, les perdoné y deseo que les vaya bien a todos donde estén. Recuerdo que una compañera tuvo que dejar la escuela por la misma razón, le hacían la vida imposible; ella era muy bonita y muy inteligente, siempre lucía muy linda y las demás personas no la podían ver, ella era muy amable y no les hacía nada; yo fui testigo de ello. Las burlas y la presión eran tan fuertes que eso es lo que sucede y ese es el plan de las personas que actúan con malicia y envidia, quieren sacar a los demás de los sueños que están persiguiendo, como si el mundo solo fuera para ellos solos y nadie más pudiera entrar, pero todos sabemos que la gente un día pagará por las cosas malas que hacen aquí en la tierra y también habrá una justicia divina, eso es por seguro, de eso nadie escapará; por eso es que debemos actuar con humildad y con amor, tratando de ayudar a los demás y desearles lo mejor. Y estas personas intentaron hacer lo mismo conmigo, yo estaba esperando a mi bebé. Recuerdo que uno de los profesores que se llevaba tan bien con ellas, me llamó para hablar conmigo y decirme que me habían acusado de cosas falsas, pero yo seguí adelante. Y para sorpresa de ellas, fui la única de toda mi clase que se graduó, y me gradué con la clase anterior a la que me correspondía, porque terminé todos mis trabajos, y a algunas de la escuela las había ayudado y conectado con clínicas para las prácticas; lo hice todo por mi cuenta, me apresuré, me concentré ¡y fui la única graduada de esa clase! Gracias a Dios. Otro privilegio que tuve fue que el colegio me eligió para dar el discurso de graduación; así que lo escribí y fue muy emotivo para todos esa noche. Después me enteré que el colegio estuvo en problemas legales y tuvieron que cerrarlo; y nadie más se graduó de después de mí; la graduación en la que participé fue la ultima que el colegio realizó. Dios cumplió Su promesa en mí y no dejó que mi sueño se quedara en el aire. Dios es bueno, ¡muy bueno!

En la vida nos vamos a encontrar siempre con personas llenas de amargura, que no están felices por alguna razón, que no han alcanzado sueños, que tienen una estima baja; podrán tener todo el dinero del mundo, pero les falta saber que tienen una identidad, les falta saber quiénes son, no tienen seguridad ni confianza en ellas mismas, y quieren arruinar la vida de los demás; aunque no les hagas nada, aunque no les conozcas, siempre vas a encontrar gente que va a querer destruir tu camino al éxito; van a tratar de opacarte, de hacerte sentir mal, menos, humillada; ellos tienen maldad en su corazón por la amargura, y no quieren ver que otros prosperan. Debes estar preparado para eso donde quiera que vas, debes poner tus ojos y tu atención en lo que te has propuesto, y aunque suene feo y un poco grosero, debes ignorar a ese tipo de personas, si es necesario. ¡No permitas que nadie construya una pared frente al camino que debes cruzar!

Recuerda que la gente que se alegra por tus logros con sinceridad es la que tiene felicidad y contentamiento, y a ellos es a quienes debemos acercarnos. Debemos estar rodeados de gente que se alegra de nuestras alegrías, que felicita de corazón, celebra con nosotros por lo que hemos alcanzado. Rodéate de gente productiva que siempre busque algo que aprender y cómo crecer, ¡así es como se llega a ser grande!

¿Por qué nos acercamos a Dios? Porque de Él aprendemos, porque siempre nos anima y motiva para seguir adelante, porque se alegra de nuestros logros. Él también fue menospreciado, rechazado, envidiado; a Él también trataron de avergonzarlo, de acusarlo, de dejarlo en el suelo; pero Él siempre fue sabio.

Tú y yo tenemos que seguir nuestro camino y no permitir que nada ni nadie nos impida llegar a la cima. Toma tu escalera, sube con cuidado, no voltees hacia atrás, pon tu mirada en donde pisas; llega al primer escalón, al segundo, al tercero y has lo que vas a hacer en cada uno, y sigue hacia arriba, hasta que llegues al último y cumplas tu propósito. Los impedimentos se presentan al subir; si volteas, si quitas tu mirada de el punto alto donde planeas llegar, te puedes caer y te va a doler, y te puedes desanimar porque la gente que estará abajo serán más los que te desanimen que los que te animen, y no lo digo con el afán de desalentarte, ¡todo lo contrario! Por eso estoy escribiendo este libro, por eso te cuento mis experiencias, para animarte; si yo pude, ¡tú también puedes!

CAPÍTULO IX

Tuve que pasar por tantas cosas para lograr mi objetivo, fueron realmente muchos sacrificios los que hice, y no solamente yo, sino también mis niños se estaban sacrificando tanto para brindarme ese apoyo que necesitaba en ese momento de mi vida.

Recuerdo que primero solo teníamos un auto y era en el que yo me transportaba a la escuela. Antes de tener el trabajo que tenía en la montaña, mi hija me ayudaba a llevar al niño al kinder. Ella tenía la responsabilidad de levantarse temprano, levantar al niño y alistarlo para llevarlo a la escuela en carro eran como cinco minutos, pero caminando al menos eran 40 minutos de ida y 40 de regreso. Después, ella estudiaba y me ayudaba a limpiar la casa, siempre fue buena niña y lo sigue siendo. Luego tenía que ir a recoger al niño, y el sol era demasiado fuerte, llegaban cansados, sudando, rojos del calor; él se cansaba y ella lo cargaba por ratitos, pero ella también se cansaba y pues lo tenia que bajar. ¡Cómo oro y bendigo a mis niños con todo mi amor y mi corazón! En cuanto pude, llevé a mi hija para comprarle su propio carro nuevecito. ¡Ella se lo merecía! Cuando ella y yo teníamos esa conversación, ella me decía:

—A mamá, cómprame un carro viejito para que no gastes. No quiero que gastes porque no tenemos dinero.

Ella siempre fue muy considerada; yo le decía:

—Vamos a ver, no quiero comprar un carro usado que después no sirva y te deje en donde sea. Quiero que estés segura y que tengas un auto bonito también.

Buscando carros, ella encontró uno y me dijo:

—Vamos a verlo.

Y nos fuimos. ¡El carro parecía basura! ¡No exagero! Cuando lo vi de lejos, le dije:

—Vámonos de aquí; ¡no voy a desperdiciar mi dinero comprando ese carro viejo!

Y nos fuimos. Luego le dije que el sábado iríamos a la agencia. Aquel día, mientras yo hablaba con uno de los agentes, ella se fue a ver los autos y regresó, y me dijo:

—¡Mamá! Mamá, encontré un carro que me gustó mucho. ¡Me encantó! Me encanta el color, el modelo y todo, ¡y aparte tiene quema cocos! Así me da el aire de arriba.

—OK, vamos a ver cuánto cuesta y si lo podemos pagar.

Fuimos a la oficina, aquel era el segundo vehículo que compraba de esa agencia en la Ciudad de Temecula. Nos sentamos, y me dijeron:

—Podemos correr su crédito. —Les autoricé y regresaron diciéndome—: Usted puede escoger el auto que quiera, ¡su crédito es excelente!

Así que comenzamos a ver de cuánto serían los pagos y el del seguro; la verdad, yo no ganaba tanto dinero para todos los gastos que tenía, pero ¡el Señor nos ayudó! Nos fuimos con el auto nuevo, deportivo que mi hija escogió. Las dos íbamos felices. Ella lo merecía; ahora no tendría que cansarse caminando a la escuela con el niño, además ella estaría comenzando la carrera de EMT para después seguir con la de paramédico; y también teníamos otro trabajo de medio tiempo, así que necesitábamos el auto. Yo no quería que mi hija fuera a la escuela de tarde y maneje de noche en un carro que le podía fallar; y aunque era un verdadero sacrificio pagar la escuela privada, la carrera, los libros, uniformes y todo, más el pago de los dos autos que teníamos, la renta de la casa y todos los demás, mis gastos rebasaban los tres mil dólares mensuales; no sé cómo pagábamos todo ese dinero, siempre estábamos orando para que Dios nos ayudara y nos supliera todo lo que necesitábamos; y así era, así que con gozo y satisfacción digo que el Señor nos ayudó y terminamos de pagar esos dos carros. Pagué el auto por un año completo y el seguro también; cuando mi nena comenzó a trabajar, ella se responsabilizó por el pago de su carro y su seguro. Fue un gran alivio para mí; ella fue muy responsable y terminó de pagar el auto sin ningún problema. Parece increíble cómo pagamos esos dos vehículos, estoy tan agradecida con Dios por la vida de mi hija y muy orgullosa de ella. Es una doctora de emergencia (paramédico) trabaja para AMR, hace años que Dios le abrió la puerta en esa compañía, en el libro de milagros que estoy escribiendo les contaré eso también. Esa profesión de mi hija es uno de sus grandes sueños que Dios también le ayudó a realizar. Mis tres niños son una gran bendición de Dios para mi vida, tengo dos princesas y un príncipe, los amo con todo mi corazón.

Que mi hija me ayudara con el niño fue una gran bendición para mí, y pude terminar mis estudios en el colegio. Como te podrás imaginar, nada fue fácil, desde sacrificios de vernos y estar juntos, hasta limitarnos de comprar ciertas cosas, antojos que a veces teníamos, para pagar todos nuestros gastos; pero Dios siempre ha sido fiel, aun en el tiempo de necesidad vemos su mano llena de amor para nosotros.

Dios jamás te dejará, y por más difícil o imposible que parezca llegarás a vivir esos deseos profundos de tu corazón. Bendigo a mis tres tesoros en el nombre de Jesús, y declaro que ellos son suyos y que sirven al Señor con todo su ser, que son prosperados en todo y llenos de paz y sabiduría, llenos de amor y la gloria del Señor está sobre ellos.

Agradezco tanto a Dios por las vidas de ellos porque sin el respaldo y amor de ellos, sin esa gran ayuda que ellos me brindaban, yo no hubiera podido alcanzarlo, o hubiese sido todavía más difícil. Mi hijita se levantaba tempranito; ya que yo había conseguido ese nuevo empleo de medio tiempo, estaba como a 40 minutos de distancia de la casa, tenía que subir las montañas en la madrugada donde no servían los celulares, había leones, ¡y estaba demasiado obscuro! Yo solo me ponía en manos de Dios y comenzaba mi viaje cada madrugada a las 2:30; después, mi hijita tenía que levantarse para alistar al niño y alcanzarme en ese trabajo, ella me ayudaba demasiado. Allí tuvimos la gran bendición de conocer a la familia Shank: Thomas Shank y los niños, que nos hacían reír tanto, y eran tan dulces y tiernos, eran como mis hijos. Las niñas, Hannah y Megan, querían tanto a Madai, ¡y T. J. también la quería mucho! Eran tan chistosos, parecían detectives desde chiquitos, ¡los niños más listos que he conocido! Dios nos envió ese empleo porque el Señor sabía todo lo que nosotros estaríamos atravesando y lo que necesitaríamos, ese fue el trabajo perfecto para estar cerca de mis hijitos mientras trabajaba.

Mr. Shank siempre nos trató tan amablemente, como de su propia familia al igual que los niños, es una persona muy fina, muy noble y de buen corazón, un padre admirable y dedicado con sus niños, un hombre de bien que apreciamos mucho. Estuvimos con ellos casi por siete años. Dios ha sido muy bueno con nosotros. Este señor, oficial de la policía del SWAT, ha sido una de las personas que también Dios trajo a nuestras vidas para bendecirnos y acercarnos a nuestros sueños. Ellos fueron y siguen siendo una gran bendición para nosotros, somos como una familia, casi vivíamos en su casa, solo íbamos a la nuestra a dormir, y a veces nos quedábamos con ellos hasta de noche. Oro por ellos y los bendigo siempre. Estamos muy orgullosos de lo que las niñas y el niño han logrado, les amamos y extrañamos y siempre les tendremos en nuestros corazones. Mr.

Shank siempre me ayudó y trabajó conmigo para que yo pudiera arreglar mis asuntos; ¡estaré siempre agradecida con ellos por todo! No solo tuvimos la oportunidad y bendición de conocerlos, sino también a sus padres, que son tan lindos; ¡Dios los bendiga a todos! Era allí donde mi hija se quedaba mientras yo comenzaba otro largo viaje hasta el Condado de Orange County para seguir con uno de mis tantos sueños. Todo mi camino oraba al Señor y bendecía a mis hijitos, bendecía mi vida y la de los demás. Al regresar del colegio tenía que irme al otro trabajo de medio tiempo que tenía en el restaurante y solo tenía tiempo de llegar a cambiarme de ropa, darles un besito a mis niños y tenía que irme otra vez, ¡fue muy duro!

Hoy que recuerdo todo eso, no entiendo cómo pudimos lograrlo, porque no es solamente mi logro, sino de mi pequeña pero hermosa familia que Dios me dio. Sé que la fuerza, la energía que necesitaba cada día, vino del cielo. Sé que el Señor nos protegía tanto. Él proveía para la gasolina de mi carro todos los días, y también para todo lo que necesitábamos, ¡verdaderamente necesitamos al Señor en nuestra vida siempre! Qué feliz me siento que le tengo en mi corazón. Mi hija nunca se quejó, siempre nos ayudamos, siempre nos amamos, esa unidad, esa conexión entre las dos siempre fue y ha sido única; ella sabe que puede contar conmigo en todo y siempre,; sé que mis niños estarán para mí cuando los necesite; ¡me siento la mamá más feliz del mundo!

Siempre que ya no tenía dinero para la gasolina, ¡Dios proveía en el momento justo! Por eso digo que Dios te abrirá el Mar Rojo cuando sea el momento de cruzar, cuando veas o sientas que no hay salida, cuando te veas en medio de un peligro, no importa si es peligro de muerte, Dios promete que mandar a sus ángeles cerca de ti para que te guarden en todos tus caminos, y ¡Él te librará! En el momento mas difícil de tu vida, Dios estará frente a ti, trayendo el maná para que comas, apareciendo en esas columnas de fuego para alumbrarte o calentarte; Él hará brotar agua fresca de las rocas para saciar tu sed en medio del desierto, ¡ahí es donde verás Su gloria!

Te animo, ¡no temas! Si amas al Señor, si le has entregado tu corazón, Él te ha dado promesas, sus promesas son verdaderas, Él jamás fallará, ¡Él dice que estará contigo todos los días hasta el fin del mundo! Te dice que cuando clames, Él te responderá, que te enseñará cosas grandes y maravillosas que no conoces. Te dice que te llevará por pastos verdes para alimentarte y para que descanses, que traerá tiempo de refrigerio y descanso para ti, que Él será tu torre fuerte, tu escudo, tu protector, ¡que nadie te podrá hacer frente! Él te dice que no te preocupes, que confíes pues Él ya venció al mundo y a la muerte por ti. No tengas temor porque aunque un ejército se levantare contra ti, Él estará contigo para pelear por ti y defenderte. Por eso es que debemos caminar confiados verdaderamente, sin dudar que Él está con nosotros, solo tenemos que obedecerle y ser esforzados, siguiendo el bien; Él siempre recompensará nuestros esfuerzos; así como los padres premiamos a nuestros hijos por sus esfuerzos, ¡Él hace lo mismo con nosotros, pero en una mayor dimensión!

CAPÍTULO X

El Dios que sembró el sueño en tu corazón, ese mismo Dios te encaminará y te guiará para cumplirlo, ¡ten fe! Ten fe en Él. Las historias como esta son para contar, son para animar al que se siente desanimado. ¡No hay temor! Tenemos al mejor Padre, Él es quien tiene control y dominio sobre todo, ¿qué puede hacer el hombre? ¡Absolutamente nada!

Dios paraliza los peligros que el enemigo intenta lanzar contra nosotros; y aquí te cuento cómo Dios, mi amado Padre, me libró del peligro de morir. Con mi bebé más pequeña en mi vientre, con seis meses de embarazo, un día de regreso del colegio en una vía, casi me cae encima una camioneta grande de color rojo encima.

Iba de regreso de la escuela, en el Freeway 91 East, una zona muy circulada. Yo iba a 70 millas por hora, detrás de mí venía un carro de policía, la distancia de segundos entre carros a la hora de manejar en una vía es corta. El freeway estaba lleno de los dos lados; de repente, una camioneta grande voló del otro lado del freeway hacia donde estábamos nosotros. Cuando yo vi eso, me espanté, ¡fue algo inesperado! En ese instante, todos los carros pararon, yo solo en mi mente dije: «¡Me cubro con la sangre de Cristo!». Veía esa camioneta tan en mi dirección que pensé que caería sobre mi vehículo. Me quedé viendo a la camioneta dar vueltas en el aire. Quedé como a diez pies del carro que tenía frente a mí, que también se había detenido. La camioneta cayó encima de ese auto, y escuchamos los gritos desesperados de la mujer que conducía. El carro quedó completamente aplastado y la camioneta rebotó, como si hubiera sido de esponja y siguió volando en el aire dando vueltas.

Todos estábamos con los ojos tan abiertos; en ese momento pensé que nuestras vidas estaban en peligro, ¡que podíamos morir en un instante! Finalmente, la camioneta paró de dar vueltas y se desplomó y cayó exactamente en medio de mi carro y del carro que había aplastado unos segundos antes; cayó de lado con las llantas hacia un lado la ventanilla en el asfalto, y vi al joven, como de unos 35 años, que venía conduciendo. Cuando la camioneta cayó, la gente comenzó a salir de los autos, el oficial de policía que venía detrás de mí corrió a ver el carro que estaba aplastado. Trató de sacar a la conductora, pero no pudo; sacó unas herramientas mas fue imposible abrirlo. Llamó pidiendo ayuda que llego de inmediato; después corrió a verme para preguntarme si estaba bien. Todo sucedió de forma inesperada y tan rápido; fue un triste y espantoso acontecimiento. Cuando se acercó, yo estaba temblando por lo que acababan de ver mis ojos, no podía moverme; él vio que estaba embarazada y dijo:

—Oh my God, you are pregnant! Voy a llamar una ambulancia para ti.

Por más que quise aguantarme, comencé a llorar, sentía el dolor de la persona en el otro carro delante de mí, ¡yo estaba espantada! Rápidamente llegaron como cuatro patrullas más, los bomberos y ambulancias, estaba indecisa de manejar a mi casa en esa condición o irme para que me revisaran en el hospital. Le di gracias a Dios por guardarme con mi bebé, comencé a pedir por la muchacha del vehículo y por el conductor de la camioneta. El oficial de policía fue muy amable y me dijo que quería asegurarse de que yo y el bebé estábamos bien y que podría manejar sin problemas a mi destino; le dije que sí podría, que estaba espantada pero estaría bien, ¡mi vientre estaba duro como una piedra!, ¡se endureció en el momento de ese susto! Estaba pidiendo al Señor por mi bebé, después de respirar profundo y calmarme, me fui manejando muy despacio, orando por esas personas.

Me fui directamente a ver a mi doctor para que me revisaran y asegurarme de que mi bebé estaba bien. Puedo decir que Dios ya tenía un propósito para mi vida y para mi bebé que estaba en mi vientre. Los médicos comprobaron tres veces en mi sangre y en los ultrasonidos que mi bebé no estaba normal, que tendría retraso mental; ellos me insistían para que no la dejara nacer, pero desde el primer momento les dije que no, que mi bebé estaba bien y si no, la amaría igualmente. Oramos a Dios; y mi hija mayor, Madai, me dijo:

—Mamá, no te preocupes, Dios hará que todo esté bien. Vamos a orar y de cualquier forma nosotros amaremos al bebé.

Dios hizo un milagro grande y mi bebé nació perfectamente bien, ¡es la niña mas normal del mundo!, preciosa, dulce, cariñosa, le encanta ayudar a los demás, tiene un corazón compasivo, es una bendición muy grande, una niña llena de sueños, súper inteligente; así que a pesar de todos los obstáculos que se presentaron, Dios me mostró que Él estaba ayudándome a alcanzar mis sueños. ¡Gloria a Dios!

El Señor me guardó, y me sigue guardando. Había personas que me decían que ya no fuera al colegio, y a veces yo misma pensaba que debería hacerlo porque era muy lejos y habían muchos peligros como ese, pero pensé: «No, yo necesito terminar, el Señor me protegerá», y seguí hasta que me gradué. Por eso te digo que siempre habrán obstáculos, planes de las tinieblas que se levantarán en contra tuya y su propósito es paralizarnos por completo para que no lleguemos a nuestros destino. Dios ha prometido estar con nosotros, el día que nos llame iremos con Él y disfrutaremos de esa vida eterna y sin dolor que Él tiene preparada para los que le reciben, le siguen y le aman; pero mientras tenemos que seguir y trabajar en alcanzar esos sueños, para ser mas bendecidos y bendecir a otros con nuestras historias y nuestro conocimiento.

CAPÍTULO XI

Me encantaban la locución, la comunicación, y Dios también me permitió ir a la escuela para graduarme como locutora de radio y locutora comercial; y sigo actualizándome y aprendiendo. Tomé un curso de negocios hace unos años, y Dios me ha permitido realizar proyectos hermosos en mi vida, como escribir mis propias canciones para agradecerle por Su amor y compartir al mundo a través de mi música. Dios me ha permitido grabar ocho álbumes como solista, cuatro a dueto con mi hermana, Noemi Luviano, y participar en otros dos como compositora, escribiendo entre mi hija y yo la mayoría de los temas que ella grabó; al menos más de cien canciones están legalmente registradas y grabadas, y tengo algunos otros proyectos en mente.

Dios me permitió ser parte en los libros de Soy mujer valiosa: Devocional y Poemario. He estado escribiendo varios libros desde hace muchos años, y estoy trabajando para sacar mi línea de ropa. Tengo muchos sueños grandes en mi vida por alcanzar, y que sé que lograré con la ayuda de Dios.

Sigo estudiando estudiando todo lo que pueda, ¡me encanta la escuela! Me encanta ayudar a las personas que necesitan. Por eso te animo a seguir adelante, te invito a que entres al grupo de la gente fabulosa, la que no se queda encerrada en el conformismo, la gente que lucha, que se esfuerza para hacer cosas grandes y ser ejemplo —no solo para sus hijos, sino para el mundo—, la gente que dejará una hermosa herencia de valentía y poder, la gente que no se rinde, que no vive en un mundo natural, ¡sino súper natural! La gente que tiene una mente extendida, con visión y mente de reino, de conquistar, de ganar y vencer batallas! La gente que se apropia de las promesas que ya le han sido entregadas, que le cree a Dios, la gente que no tiene temor de emprender, de tomar el vuelo y desplazarse como las águilas. Así como dice que el reino de los cielos se hace fuerte y solo los valientes lo arrebatan, así dice que Dios nos quiere ver prosperados y bendecidos en todas las cosas, no solo en nuestra alma. Entonces, ¡no te detengas por nada! Que nada te paralice.

Sé y entiendo que habrán momentos muy difíciles en nuestras vidas, también habrán momentos de reposo, de refrigerio, de cerrar los ojos y dormir, de pasar tiempo con los seres que más amamos en este mundo, de reírnos y brincar, de patear una pelota con los niños, de irnos a caminar, admirar, contemplar, disfrutar y agradecer por las maravillas de Dios para nosotros. Tendrás tiempo de irte a tomar un helado con tus hijos, de hacer miles de cosas, ayudarles con la tarea y disfrutar sus triunfos de ellos también; pero también hay momentos que son para crecer, para avanzar, para mejorar, para superarse, para romper esos círculos, esos ciclos que en nuestra familia o comunidad donde vivimos siempre; tenemos que salir de ese molde de que las mujeres no estudian, de que solo sirven para casarse y tener hijos, de que ellas solo deben estar en la casa lavando platos. Sé la primera persona en tu hogar que dé el ejemplo a los demás, a los que tienen miedo de triunfar, a los que tienen miedo del qué dirán, a los que no quieren romper con esas tradiciones que no ayudan, que solo estancan, que no te permiten crecer e ir más allá para el bien de toda tu familia y de tu comunidad, del servicio a Dios.

Si eres un hombre machista y no permites que tu esposa se supere, si crees que estás haciendo lo correcto, déjame decirte que harías una mejor cosa si no la limitas y dejas que crezca y también logre otros deseos del corazón; ella te amará más y te agradecerá que le dejas esa puerta abierta que no solo la bendecirá a ella, sino a ti y a tus hijos. El hombre que trata mejor a su esposa, el que le demuestra el amor, el hombre que es dulce con ella y con sus hijos, se gana el amor y el aprecio, el respeto de toda su familia, porque el amor se gana, no se exige; y cuando los esposos aman y cuida, protegen y defienden, cuando son sensibles a los sentimientos de su esposa y de sus hijos, cuando se humillan y son de amorosos con su familia, ¡su familia los ama! Te van a tratar como rey cuando aprendas a tratar a tu esposa como reina. Claro que la esposa debe cumplir con sus deberes y debe siempre respetar a su esposo, ella debe mantener sus ojos puestos en Dios y en la meta que se ha fijado sin desviarse. Cuando tú, como esposo, le abres la puerta a tu esposa para alcanzar un sueño, ella te recompensará, su relación se hará más fuerte porque no habrá egoísmo. Cuando le das la oportunidad de salir adelante, de avanzar, de lograr cosas o sueños que tal ves ella jamas pudo alcanzar en su vida, la estarás bendiciendo, ¡y ella te bendecirá a ti también!

Una cosa que deseo mencionar es que mi amado esposo me ha dado siempre su apoyo para que yo me supere y alcance metas que me propongo en la vida. Él no me molesta para nada cuando estoy trabajando en mis proyectos. También es un buen proveedor para lo que necesitamos; y me impulsa a hacer cosas que deseo alcanzar. Él me anima, siempre me dice que me admira por todo lo que puedo hacer, expresa que jamás ha conocido a alguien que tenga tantos talentos como los tengo yo; así que quiero aprovechar para dedicar esta parte de este libro a mi esposo que tanto me ha apoyado en mis sueños. Él es un buen hombre que es parte de mis sueños, así como me impulsa, yo le he impulsado para que haga algunas cosas, estoy para apoyarle; no somos perfectos y los dos cometemos errores, pero Dios siempre trae el balance a nuestras vidas. En los momentos más difíciles, Dios ha estado presente, ayudándonos a salir adelante, yo sé que Dios tiene planes maravillosos para él, y estoy esperando en ello; lo bendigo en mis oraciones cada día y sé que eso es una poderosa bendición; asimismo sé que todo lo que Dios me permite alcanzar está conectado con el propósito que Dios tiene para él y para la familia entera; sé que Dios le llevará a cumplir sus sueños en Su tiempo y no en el nuestro. Yo bendigo la vida de mi esposo y le agradezco por todo su amor, paciencia y su respaldo al ayudarme a lograr cosas en mi vida.

Tal vez eres la persona que va a abrir la puerta en tu familia para que los demás puedan avanzar sin miedo y con un fundamento, con un respaldo.

CAPÍTULO XII

Te contaré una historia que me sucedió. Yo quería aprender a manejar desde jovencita, pero creciendo en una casa donde solo había hombres y yo era la primera niña, por más que rogaba que me enseñaran, siempre me decían:

—¡No! ¡Vas a chocar! Las mujeres no sirven para manejar un carro.

Y por más que peleaba para tener ese derecho, no lo lograba. Nadie quería enseñarme, nadie quería tomarse el tiempo de tenerme un poco de paciencia y tratar al menos. Solo recuerdo que una sola vez, por lo mucho que insistí, mi hermano Jorge me dejó manejar su camioneta por unos segundos. Pero nadie me daba la oportunidad de desenvolverme en esa área, de aprender algo nuevo que sería bueno para mí, que sería útil en la familia, que sería algo que beneficiaría mi futuro. Me decían:

—¿Para qué quieres aprender a manejar?

—¡Pues porque quiero aprender! —les respondía.

Llego un día y ahorré dinero, recuerdo que eran $500,00, y me inscribí en una escuela de manejo.¡Estaba muy emocionada! Y cuando les di la noticia, ya te imaginarás qué sermón recibí de todos. Yo me fui porque pensaba: «Si no me atrevo, si no lo hago de esta manera, seguramente no lo haré nunca y así no creceré, así me quedare sin esa pequeña pero importante parte que me servirá mucho en mi futuro».

Me dieron como 40 minutos de teoría, y ese mismo día me llevaron a la práctica a la gran Ciudad de México. Me temblaban las piernas, sentía que me iba a desmayar; de los nervios, tenía la intención de arrepentirme y decirle al instructor que mi mamá no quería, aunque perdiera mis $500.00. Me daban ganas de salir corriendo y no regresar, pensaba que me iba a quedar tiesa del susto. Pensé: «¿En que me metí?, ¡Dios mío! ¡Ahora sí me voy a romper la maceta y se la voy a romper al señor también!» Era algo nuevo para mí, estaba a punto de manejar un vehículo en esas calles y avenidas tan circuladas de la gran ciudad; me daba pánico pensar que iría detrás del volante por primera vez en mi vida y que podría pegarle a un carro, o que un carro me podría pegar. ¡Pensé tantas cosas en ese instante! Lo más curioso es que todo lo que mi familia me decía de que las mujeres eran tontas y no servían para manejar, que nunca aprendería, que eso no era para mí, todo eso vino a mi mente en el momento justo que tenía ese reto; cuando tuve la oportunidad que deseaba, ¡recordé todo eso y tuve miedo!

Al mismo tiempo comencé a pensar que todo lo puedo en Cristo que me fortalece, que yo soy valiente y no cobarde, que Dios me ha dado ese espíritu de poder, amor y dominio propio, y que así como todas las mujeres que veía manejando, no nacieron manejando un auto, sino que aprendieron también. Pensé: «Si ellas pudieron, yo también puedo; además no me voy a regresar a mi casa, toda derrotada por el miedo. ¡Voy a regresar, orgullosa de mí y contenta porque fui valiente para tomar la decisión y demostrarles que puedo!, que tengo la capacidad de hacer algo más que lavar platos y cuidar una familia o ayudar en la casa».

No sé cómo en unos minutos vienen tantas cosas a la mente y nos tratan de acobardar y meter todo el temor por algo bueno que estamos a punto de hacer, por un vuelo nuevo a un buen destino que estamos a punto de emprender. Es verdaderamente impresionante todo lo que el temor y las palabras negativas pueden causar en nuestras vidas: nos paralizan por completo.

La historia termina en que manejé con éxito; ¡llegué tan feliz a casa! Les conté a todos mi triunfo, y aunque se rieron de mí, no hice caso y terminé las clases en una semana. Al terminar nos mandaron a manejar muy lejos al lugar donde daríamos un examen final; yo iba orando para que Dios me ayudara a recordar todo y pasar; y así fue, gracias a Dios, después me fui a solicitar mi licencia para manejar, la cual obtuve sin ningún problema. Sentía que había alcanzado uno de mis más grandes logros en ese momento, ¡me sentía tan feliz y realizada!, sentía que había alcanzado un reto tan grande. Le doy gracias a Dios por el valor que me dio para inscribirme, ir a las clases y vencer todos los miedos.

Después de eso mi familia, me decía:

—Ay, tú que has sido la más miedosa de todos, te atreviste a aprender a manejar.

Y eso sirvió para que ellos motivaran a mis dos hermanas para que también tomaran las clases de manejo. Ellos les decían:

—Ahora es el turno de ustedes.

Ellas me preguntaban si había sido difícil, y yo les decía que no, y eso las animaba para que tomaran un paso que les serviría por el resto de sus vidas. Después de poco tiempo, ellas también lo hicieron y decían que la más miedosa fue la primera que se atrevió a tomar esa decisión y que aquello las había motivado para tomar ese vuelo.

Cuando tomas la iniciativa de emprender algo nuevo, bueno para tu vida, quizá seas tú quien abras puertas y motives a otros con tu determinación. ¡Atrévete! Vence el miedo y las adversidades, porque cuando te des cuenta, todo eso no son más que pequeñas piedras que quieren hacerte pensar que son grandes rocas que te aplastarán, pero tú eres quien las aplastará con tu dedicación y valentía. No solo serás de motivación para tu familia, sino también para muchos más que tal vez nunca conocerás, pero que pueden leer tu historia, ¡así como tú estás leyendo la mía ahora mismo!

CAPÍTULO XIII

Te aseguro que, si no me hubiera atrevido a tomar ese paso de aprender a estar detrás de un volante, me hubiera quedado esperando que alguien más haga las cosas por mí, sin poder movilizarme por mi cuenta, eso me hubiera estancado en muchas áreas de mi vida. Hoy puedo decir que, gracias a Dios, he vencido muchos temores, he ayudado a mucha gente, he llevado a muchos por emergencias y favores, ¡y no me arrepiento de haber tomado ese gran reto! Pude llevar a citas de doctores y a muchos lugares a personas tan lindas que ya están en el cielo, Dios las puso en mi camino y en muchos momentos les fui útil por saber manejar, y cuando llegué a este país pues pude moverme y llevar a mis niños a la escuela, si nos damos cuenta, esa simple pero importante tarea bendijo mi vida y fue un bien para mi futuro.

¡No permitas que nada te detenga! Si vas a hacer algo bueno y productivo, ¡no te detengas! Détente para las cosas que no son buenas para ti y los tuyos. Aléjate de las malas influencias, de la negatividad y las personas que no quieren alejarse de ella. Pero sigue adelante con los sueños y proyectos que bendecirán tu vida y la de los demás, vence todos los obstáculos; tenemos que luchar por hacer cosas buenas hasta el último día. Yo estoy muy feliz y agradecida con Dios por todo lo que me ha permitido alcanzar, y aunque yo tenía otros sueños en mi corazón desde que era pequeña, y que ya no se realizaron, eso no fue un impedimento para perseguir otros sueños.

Debemos pensar, hablar y actuar de forma diferente a las personas negativas. Debemos saber quiénes somos, de dónde venimos, por qué estamos en este mundo, cuál es nuestro propósito y hacia dónde vamos. Todos estamos en este mundo con un propósito bueno, y nadie está aquí por casualidad o accidente. Lo primero que tienes que saber es que nuestro Creador, Dios, no se equivocó al formarte, al crearte y tienes una buena misión que cumplir; hay algo dentro de ti que Dios puso como regalo, tal vez no lo has descubierto pero está allí y lo vas a descubrir. Estás aquí para ser bendecido y para bendecir la vida de las personas que te rodean; a través de tus talentos, de tus palabras, de tu música, de tus mensajes, de tu buen corazón, serán tocados y bendecidos. Tal vez tu historia ayudará a alguien a cambiar su vida; tal vez no te lo van a decir, pero al saber tu historia, serás de inspiración para alguien y ayudarás para bien, por eso te animo que sigas adelante y no te desanimes.

¡Cómo me hubiera encantado haber escuchado palabras como estas cuando era niña! Me hubiera hecho tan feliz saber que a alguien le interesaban mis sueños, que alguien quería ser parte de mi futuro. Si al menos me hubieran fomentado el hábito de la lectura, tal vez hubiera leído alguna historia que me motivara y me enseñara a seguir adelante, luchando por mis anhelos. Por eso la importancia de fomentar el buen hábito de la lectura a los niños; si los padres están tan ocupados trabajando, al menos los niños podrán entrar a otros mundos y conocer experiencias de otros que les servirán en el camino de la vida. Es algo muy alentador y emotivo saber que alguien se toma tanto tiempo para plasmar su historia en un libro para los lectores. A veces hay cosas que no son fáciles de contar, describir o expresar, hay sentimientos y emociones encontradas, hay recuerdos que salen a flote y que quebrantan el corazón, que enternecen, que hacen llorar.

Un libro es como un cofre lleno de tesoros que nadie tiene, y cuando abres ese libro, empiezas a ser parte de ese mundo, empiezas a tomar esos tesoros que estaban guardados en lo más profundo de un corazón y empiezas a ser parte de una nueva vida para ti y para los tuyos. A través de ese libro y esos tesoros descubres, aprendes a ser más feliz para no cometer los mismos errores, para hacer tu vida más fácil, para reflexionar cuando estás actuando de forma egoísta. Los libros son tesoros llenos de historias que nos trasladan a un sinfín de mundos donde aprendemos muchas cosas. ¡Fomenta la lectura! Regala un libro en los cumpleaños, en las navidades, en los aniversarios. Si les cuesta trabajo leer, toma una hora cada dos semanas, y ve y léeles el libro. Yo he practicado eso muchas veces, siempre le leí a mi mamá; le escribía cartas, y cuando veía un libro interesante, lo compraba para leérselo; a veces hasta por teléfono le leía, quería que ella se alimentara en su alma. Ella estaba en México y yo en Los Estados Unidos. ¡Un libro es un buen regalo! Mil gracias por comprar este libro, por pasar este tiempo conmigo en esta historia. Compártelo con otros, por favor.

CAPÍTULO XIV

Los niños siempre están llenos de sueños y de ilusiones, la cabecita siempre da vueltas y les lleva en viajes donde ven cuando son grandes y lo que quieren ser. Es como la fe, como cuando debemos actuar en fe; pero la mayoría de niños no sabemos eso y nos vemos en esas películas que pasan por nuestra mente, deseando que por arte de magia pudiera ser de verdad. Así era yo de pequeña, cuando estaba llena de energía y ánimo para perseguir lo que soñaba, pensaba que no habría absolutamente nada que pudiera en mi imaginación.

Esos sueños donde yo daba vueltas con mis manos extendidas, con esos vestidos largos y vueludos de telas hermosas, finas, elegantes, de colores maravillosos, y ese micrófono que me trasladaban a un mundo diferente y maravilloso. No me cansaba de hacer lo mismo una y otra vez, así me la pasaba casi todos los días; cada vez que podía, me paraba frente a ese espejo y me imaginaba que estaba frente a un público inmenso, que comenzaba a hablar y a cantar. Era muy pequeña, jugaba yo solita, no tenía hermanas mayores, nadie para enseñarme las cosas que las niñas hacen, las cosas que a las jovencitas les llaman la atención, como el maquillaje, la ropa, los zapatos, etc. No tenía a quién preguntarle cosas que me hubiera gustado saber, alguien que me hubiera ayudado a peinar mis cabellos dorados y largos, ni siquiera podía hacerlo porque eran tan largos y yo tan pequeña. Recuerdo que iba creciendo y tomaba un calcetín de mis hermanos para hacerme una cola de caballo que no me salía; la gente se burlaba de mí, incluyendo los niños de mi escuela, mientras yo me quedaba solo pensando por qué se burlaban de una niña que no se podía peinar todavía.

Mis padres siempre estaban ocupados trabajando, se iban y regresaban con prisas, cansados, acomodando y desacomodando cosas, recordándoles a todos sus hijos sus responsabilidades... parecía que esa casa era una gran ciudad llena de gente corriendo para todos lados, con el único propósito de trabajar y trabajar. En esa casa no se detenían ni para respirar, a veces ni para ir al baño, ni para sentarse a comer, como se debe hacer con la familia, todos juntos comiendo, dando gracias, conversando de cómo estuvo el día de cada quien. Eso jamás pasaba. Mucho menos se detendrían para platicar con cada uno de esos nueve niños y niñas acerca de los sueños que cada uno tenía, o simplemente para darnos un abrazo, una palmada en los hombros, la espalda, o una sobadita en el cabello, o simplemente para decir un «te quiero». Los sueños que cada uno tenía, no sé dónde quedaron, no sé si los olvidaron o qué ocurrió; al menos sí sé qué sucedió con los míos.

Desde que yo era niña observaba a mis padres y los veía todo el tiempo en esos apuros por trabajar tanto, me entristecía por eso, y pensaba: «Cuando yo crezca, voy a ganar mucho dinero para comprarles una casa para que ya nunca trabajen y no se cansen». Siempre me gustó mucho —y me sigue gustando— aprender, entonces siempre pensaba: «Voy a poner todas mis ganas y mi energía para estudiar; seré una mujer que ayuda a miles de personas a sentirse mejor». Traté por todos los medios de continuar con mis estudios, pero por mas que rogué y lloré, pidiendo que me dejaran estudiar porque yo quería alcanzar mis objetivos, fue inútil.... ni mis ruegos ni mis lágrimas pudieron cambiar esa equivocada idea de que las mujeres se casan, y para qué necesitan estudiar y tener una profesión si terminan encerradas en una casa cuidando niños y a un esposo.

Reconozco que siempre vi a mi padres forjándose metas, estableciendo buenos objetivos para la familia, y siempre los alcanzaban; probablemente era su forma de enseñarnos a alcanzar sueños pero sin mencionarlos. Tal vez pensaron que no nos haría falta una profesión o una carrera para asegurar nuestro futuro, lo cual tristemente no resulto así, al menos para mí. Esa idea equivocada me hizo sufrir por muchos años, tuvo un impacto negativo en mi vida, no solo en porque estaba sin el apoyo y aprobación de las personas más importantes en mi vida, ; no fue solo eso, fue la impotencia que sentí al vivir esa experiencia triste, frustrante, desgastante y desesperante. Solo una madre sola con sus niños que ha experimentado algo así, con tanta responsabilidad sobre sus hombros, podrá entender lo complicado que es no tener un diploma o certificado que dijera que yo tenía el conocimiento para desarrollar un trabajo específico, algo que me avalara y me abriera puertas para no sufrir todo lo que sufrí. Es algo que no le deseo a nadie; irse a la cama preocupada de cómo vas a hacer mañana para salir adelante, llorar en silencio, caminar sola por las calles sin saber qué hacer. El enemigo se aprovecha de esos momentos para venir con mentiras; ¡y cuántos se han quitado la vida por situaciones como esas! Pero Dios me ha ayudado y ha sido bueno con nosotros, Su amor me ha sostenido.

He conocido muchas personas, especialmente madres solas con sus hijos, que batallan, sufren, entran en la desesperación, algunas piensan en el suicidio por problemas como estos; ¡hasta dónde puede llegar alguien que tiene tanta responsabilidad sobre sus hombros!, tanta carga y no hay ni una sola puerta abierta, simplemente porque no tuvo la oportunidad de estudiar; lo único que les queda es trabajar limpiando baños, casas, lavando platos en un restaurante; son trabajos decentes y honestos donde personas como yo hemos tenido que trabajar para salir adelante. Pero cuántas cuantas personas en medio de la desesperación se dirigen a caminos equivocados como drogas, vicios, a la prostitución, porque no encuentran una puerta abierta; nadie quiere darle una oportunidad a alguien que no tiene preparación o un diploma de una escuela superior.

Si alguien abre una puerta y brinda un poco de entrenamiento, cualquiera que pone empeño lo puede hacer, sin embargo no es así. Hay gente buena en el mundo, de buen corazón y esas personas han ayudado a otros y me alegro mucho por todos ellos, pero tristemente eso no pasa muy seguido.

Me gustaría que todos los empresarios, los dueños de compañías, puedan abrir las puertas a la gente que no tiene una preparación intelectual relevante, pero que son trabajadores, honestos, respetables. Estoy segura de que harían un excelente trabajo. Me encantaría que tuvieran en mente que pueden entrenarlos, estoy segura de que muchos quedarían muy satisfechos; sé que eso cuesta y las compañías no quieren perder porque ellos están para ganar, pero no todas las veces es así. De verdad, deseo que los corazones de los empresarios sean tocados y que den oportunidades nuevas a las personas que no tuvieron la misma suerte que otros. También quiero impulsar y animar a todos aquellos que por la razón que sea no tuvieron la oportunidad de tener unos estudios, una profesión, por favor, ¡anímense! Por eso es que estoy compartiendo mi historia. Sé que es difícil, vengo de allí, yo tampoco tuve el apoyo que deseé haber tenido, pero aquí estoy como ejemplo de que sí se pueden alcanzar sueños, no importa en que etapa de tu vida te encuentres, siempre podrás lograrlos, especialmente cuando te acuerdes que hay alguien que te dice: «¡Yo te ayudo a alcanzar tus sueños!»; no importa tu edad, tu estatus migratorio, tu nivel académico, tu nivel social, tu cuenta financiera o el lugar donde vives, tampoco importa tu color, tu lenguaje o tu cultura, lo que importa es que camines con Dios para lograr lo que deseas, y que estés dispuesto a pagar el precio. No dejes que se te vaya el avión porque perderás la oportunidad de viajar en el avión correcto en el tiempo correcto.

Ese es Dios que te da ánimo, respaldo; todo lo que necesitas lo encontramos en Él. Otra razón por la cual decidí escribir este libro es para que sepas que si no hay nadie que te anime y te diga esas palabras, Dios sí. Él quiere que seas feliz y que prosperes en todo, así como prospera tu alma; que impulses a otros con tu historia, eso es lo que estoy haciendo yo.

CAPÍTULO XV

No importa cuántos años tienes, mientras tengas vida puedes hacer muchas cosas. Te invito a tomar algunos cursos sencillos, ve a la escuela a aprender inglés, español, toma cursos de belleza, de maquillaje, de mecánica, de cocina, mira videos en YouTube, aprende acerca de las cosas que te interesan; invierte un poco de dinero, termina la primaria, secundaria, preparatoria, ¡algo! Aprende arte, algo que te relaje, que te haga sentir más útil, que te haga sentir feliz y que puedas compartir con los demás, comienza una carrera corta, ¡nada es imposible!

Dios nos da fuerza y promete que nos dará la sabiduría si le pedimos con fe, Él promete que nos bendecirá con inteligencia divina, ha prometido darnos una corona de favores y misericordias; ¿sabes qué es eso?, ¿sabes qué quieren decir los favores del Señor? Es una gracia especial en tu vida. Dios siempre estará con nosotros, Él lo ha prometido. Tal vez en algunos lugares las puertas no se abrirán para ti y para mí, pero eso no quiere decir que ya estamos derrotados y vencidos. ¡Tenemos que seguir avanzando! Si ya oraste una vez y nada pasa, ora dos veces; si ya oraste dos veces y nada pasa, ora tres veces; y así, ¡no te detengas! Ora, comienza a declarar la Palabra de Dios en tu vida, a darle gracias en fe por lo que quieres ver y no lo ves aún con tus ojos naturales pero sí con tus ojos de la fe, sabiendo que quien nos ha dado esa promesa es fiel para cumplirla.

Comienza a dar siete vueltas alrededor de los muros que el enemigo ha levantado como barrera y estorbo en tu vida. Comienza a cruzar en fe. ¡Atrévete a cruzar! Atrévete a dar esas siete vueltas, glorificando el nombre de Dios para que esos muros sean derribados con el poder de la unción y del Espíritu Santo. No tengas miedo, no te detengas. Cuando vayas a un empleo, ponte en manos del Señor, y abre tu boca, pide una oportunidad; si es esa es la voluntad de Dios, Él tocará los corazones, abrirá las puertas, y ¡ten por seguro que nunca te dejará! Él te ama y tiene cosas buenas para ti.

No podemos quedarnos estacionados, atrapados como en un frasco por el resto de nuestra vida, tenemos que salir, tenemos que movernos, tenemos que acercarnos a Dios y entregarle lo que nos daña, tenemos que buscar nuestra sanidad, nuestro bienestar y nuestra paz, tenemos que buscar un camino nuevo para comenzar. Hay miles de formas en este tiempo para salir adelante, y no tenemos que permitir que esos pensamientos negativos vengan a llenar nuestra mente; sácalos para siempre, no los dejes llegar a tus labios ni a tu corazón, ¡tú puedes!

He escuchado hermosas historias de personas que batallaron, y soy su admiradora número uno, porque han sido ejemplo e inspiración para mi; eso es donde tú y yo nos tenemos que enfocar: en las buenas cosas, en lo positivo, en la meta final. No veas los obstáculos, mira la meta final llena de grandes bendiciones.

Escuché la historia de un hombre que comenzó a trabajar en un hospital en los Estados Unidos, limpiando y sacando la basura; pero él tenía un sueño y al tener esa puerta abierta en el hospital fue para el la escalera que lo llevó al éxito. Comenzó a estudiar y siguió hasta que se graduó de médico; siguió adelante, sin darse por vencido, y hoy es el director, el jefe de ese hospital. A él no le da pena compartir su historia, al contrario, se siente tan satisfecho y feliz por lo que logró y quiere animar a otros a perseguir y trabajar por sus sueños.

Conocí a alguien más que comenzó a trabajar en la Ciudad de México, en un hotel, como camarero. Él era de un pueblito, pero fue honesto, puntual y hacía su trabajo con excelencia, siempre entregaba las pertenencias que se encontraba. Después de un largo año de arduo trabajo, donde había gente que se levantaba en su contra, para su sorpresa, un día el dueño lo llamó, y le dijo:

—Te he venido observando todo este tiempo, y no tengo a nadie que trabaje como tú, que sea tan honesto como tú, tan derecho. Desde hoy ya no vas a hacer ese trabajo de camarero, serás mi administrador, no solo de este hotel sino de todos los demás.

Ese hombre era dueño de una cadena de hoteles y le dio esa posición. Aquel día todo cambió debido a la perseverancia y la dedicación, por no darse por vencido en los momentos de adversidad con los compañeros de trabajo.

Ese hombre fue mi padre, el señor Pedro Luviano León. ¿Por qué te cuento esto? Para que sepas que la vida no es fácil, que encontrarás estorbos en el camino al éxito, que vas a encontrar gente que no te va a querer, no les vas a caer bien, que hablara mal de ti, que tratará de ofenderte y herirte, que harán lo posible porque te desanimes y te vayas y pares tus planes de seguir adelante; pero como estos dos hombres con esas maravillosas historias, tú y yo tenemos que seguir adelante hasta lograr lo que deseamos, ¡te aseguro que si lo pones en las manos de Dios y trabajas en ello, llegarás!

Hay grandes bendiciones, grandes recompensas para ti, para mí y para toda la gente valiente que se esfuerza a seguir corriendo esta carrera de la vida, para la gente que está dispuesta a enfrentar esos grandes gigantes de miedo y temor.

Dios dice que Él no nos ha dado un espíritu de cobardía o de temor, ¡sino de poder, de amor y de dominio propio! ¡Párate en esas palabras! La bendición llega cuando alguien que se atreve a vencer a esos gigantes que se presentan para aterrorizarnos y detenernos. Saldrás adelante; ¡y me contarás tu historia también!

CAPÍTULO XVI

Hay mujeres que han estado a punto de lanzarse con sus hijos dentro de su auto al abismo, por la desesperación; nadie les abre una puerta de oportunidad, y ellas, en su desesperación, la única salida que encuentran es la muerte. Gracias a Dios que he podido orar con algunas de ellas en esos momentos y les he podido animar para salir adelante, tomando el buen camino, confiando en Dios, teniendo fe en que Él abrirá una puerta, dejando todo en sus manos, esperando en Él. Eso es lo que me sostiene: Dios, Él es mi fuente, mi esperanza, mi roca y mi pronto auxilio; a Él corro en los momentos de desesperación, Él es el lugar correcto y seguro para mí. Y Dios quiere caminar contigo y acompañarte en tu vida también.

De verdad es muy triste cuando sufres rechazo. Lágrimas salían por mis ojos por no poder tener una posición más respetable, y la primera cosa que venía a mi mente era: «Si tan solo hubiera podido al menos alcanzar uno de mis sueños cuando era tan jovencita, cuando podía continuar mis estudios como la mayoría de los niños. Si en mi familia no hubiera existido esa idea errónea acerca del estudio y el sexo femenino, yo no estaría sufriendo tanto ahora, tendría otras puertas abiertas». Probablemente ellos querían protegerme de algo, pero lo estaban haciendo por el lado equivocado. No digo esto en forma de critica u ofensa, simplemente me parece importante compartir mi historia para ayudar a otros y evitar que cometan el mismo error, esa es la intencion, porque puede evitar muchas heridas, dolores, malos momentos, sufrimientos, resentimientos, divisiones familiares y muchas cosas más que no son buenas para nadie involucrado en la situación. Yo siempre respeté, obedecí y ayudé en todo lo que pude a mis padres, y lo sigo haciendo. Les agradezco lo que hicieron por mí y los amo con todo mi corazón, pero es algo que ocurrió. Si algún padre o madre piensa que no es importante que sus hijos estudien, o si no les motivan a estudiar, por favor, háganlo, porque eso puede llegar a destruir la vida y el futuro. Todos pongan su granito de arena para que sus hijos se superen y salgan adelante, que tengan un buen futuro, porque no solo será para ellos, sino también para sus hijos y hasta sus nietos; y también será bendición para los padres cuando estén mayores y ya no puedan, los hijos tendrán una forma más fácil de apoyarles.

Mis padres no tuvieron alguien que les preguntara acerca de sus sueños, mucho menos que les impulsara a seguirlos. Sus vidas fueron duras, pero aún así ellos se esforzaron por ser gente de bien, gente que trabajó incansablemente para brindar a sus hijos todo lo necesario. Pero no porque eso sucedió con ellos significa que nosotros, las siguientes generaciones, debemos hacer lo mismo, todo lo contrario, debemos mejorar. Si debemos romper ese círculo, lo vamos a hacer por el bienestar y buen futuro de nuestros hijos y de nuestra familia. Nadie puede dar lo que no tiene; pero muchas veces he observado que hay personas que no están dispuestos a abrir su mente y aprender nuevas cosas, o corregir acciones equivocadas que han estado practicando por años; nadie puede quitarles esas ideas ni hacerles entender que hay opciones mucho mejores que les ayudarán a vivir mejor.

Lo que yo viví fue muy duro para mí. Enfrenté el divorcio y me quede sola, no tenía una carrera profesional para obtener un trabajo respetable, y así ofrecer a mis niños una vida mejor. Me esforcé siempre por darles la mejor vida, el mejor lugar para vivir, que siempre tuviéramos comida en nuestra mesa; gracias a Dios tuvimos todo eso, a base de muchísimo sacrificio, solo Dios sabe el dolor y los momentos tan difíciles que me tocó enfrentar, todo por no haber alcanzado mis sueños en el tiempo que pude haberlo hecho. No estoy señalando o tratando de encontrar culpables, nada de eso; esa fue mi experiencia.

Sé que esto puede ayudar a alguien, tanto a alguien que no está poniendo interés en el estudio y prepararse para su futuro, o a quien no ofrece el impulso y apoyo a quienes lo necesitan. Tal vez a alguien que se ha acostumbrado a un tipo de vida acomodada y de repente pierde al ser amado que le ha provisto todo, y tiene que enfrentar esos momentos, es ahí cuando comienzan a resaltar las heridas y los sufrimientos porque nunca alcanzó un sueño. Hay personas que han sufrido un accidente repentino que les ha cambiado la vida por completo, hay personas que han recibido un diagnóstico médico de una enfermedad terminal o grave y tienen que dejar todo para atender su salud, ¿qué pasa en esas situaciones y momentos de nuestra vida? Me he encontrado con muchas mujeres cuyos esposos no les permiten superarse y crecer, aprender nuevas cosas o alcanzar algunos sueños; y esas pobres mujeres están sirviendo en la casa todo el tiempo, a veces tienen en la mente que lo único que pueden hacer bien es limpiar una casa y cocinar; y no estoy a favor de que se levanten las esposas a pelear por sus sueños en una forma incorrecta con el esposo, tampoco estoy diciendo que el machismo es algo que debe estar presente, estoy en contra de esas cosas, especialmente del machismo que ha mantenido a muchas mujeres cautivas y paralizadas. Creo que todos deberíamos ser conscientes que todos tenemos sueños que deseamos alcanzar y entre familia deberíamos de apoyarnos unos a otros para que nos superemos, aprendamos, crezcamos, y nos desenvolvamos como individuos, que no nos quedemos estancados solo en un lugar.

Me alegra muchísimo cuando veo que la gente se esfuerza para aprender algo nuevo y toma un tiempo para superarse, eso lo aplaudo de verdad. Pareciera que muchas veces la gente se casa y terminan sus sueños, otras veces pareciera que los sueños jamás existieron; pero los sueños han estado presentes en algún momento de la vida, solo que tal vez nos ha faltado ánimo, o quizá no queremos esforzarnos para lograrlos. ¡Los sueños no se cumplen por arte de magia! Para alcanzarlos tenemos que hacer algo, tenemos que levantarnos y trabajar en ellos, tenemos que planear, organizar, administrar nuestro tiempo, sacrificar horas de sueño por algún tiempo, invertir dinero, hacer cosas extras, tomar iniciativa, ser decididos, así es como los alcanzaremos. Dios nos ayuda, pero nuestros sueños no van a bajar del cielo envueltos en una nube, con una estrella en forma de moño, ni se van a estacionar frente a tu casa y cuando salgas te van a sorprender. Las cosas buenas cuestan, si no estás dispuesto a pagar el precio por las cosas buenas, no alcanzarás tus sueños. Si deseas alcanzar tus sueños comienza a mover las manitas, levántate, sacúdete el polvo y ponte a trabajar duro para lograr algo de lo cual estarás orgulloso y satisfecho en el futuro; y no solo eso, lo más importante es que a través de esos sueños, tu vida será más fácil, más placentera, más hermosa, más fructífera, tendrás más paz, más seguridad, más confianza, más descanso en tu alma al saber que cuentas con algo para dar, para ayudar, para sobrevivir en este mundo que cada vez está peor!

A seguir adelante hasta que logres lo que deseas. Si eres una persona con visión, una persona que desea y trabaja para ser productiva, ¡eso te va a llevar al éxito! Las cosas buenas cuestan. Lo malo es lo fácil, lo bueno es difícil; pero veremos la recompensa.

Dios quiere que prosperemos en todo, así como prospera nuestra alma, Él se alegra y goza cuando tú y yo tenemos una vida fructífera y bendecida, no importa la edad que tengas, las responsabilidades que tengas o las opiniones de la gente, importa lo que Dios dice de ti, quién eres, para qué estás aquí, y qué es lo que puedes hacer. Él dice que somos sus hijos y herederos con Cristo cuando le recibimos, cuando decidimos seguirle. También dice que fuimos creados para la gloria de Su nombre y Su nombre recibe gloria cuando vemos sus milagros en nuestra vidas, cuando testificamos de Él, cuando vivimos esa vida de abundancia y fructífera, como dice en Su Palabra que aun en la vejez estaremos vigorosos y verdes, así que no puedes decir que por la edad que tienes ya no puedes hacer nada, que ya vas para abajo, que ya estás más para allá que para acá, que ya no estás para esas cosas. Dios quiere que hagas nuevas cosas y que permanezcas como esos árboles verdes, vigorosos llenos de fruto, que están junto a las corrientes de agua.

CAPÍTULO XVII

No permitas que el enemigo venga y robe tus sueños, él vino para matar y destruir; pero Cristo vino para deshacer los planes del enemigo. ¡Cuántas veces el enemigo de mi alma ha intentado robar mis sueños a través de todos los momentos difíciles de mi vida!, pero gracias a que Dios está en mi corazón, Él ha mantenido mis sueños vivos. Si el enemigo roba tus sueños y tú no haces nada, robará tu vida también, porque cuando alcanzas tus deseos y anhelos, Dios te llena de vida, de alegría, de gozo, de paz, tienes seguridad y tienes las llaves para abrir muchas puertas, te hace feliz ver y saber de los éxitos de los demás y también ayudar a otros. Pero cuando tus sueños han sido robados, y no haces nada para recuperarlos, te llenas de amargura, de resentimientos, te puedes llenar de envidia, todos esos venenos llegan a tu alma y con ellos la muerte, porque hay un propósito de tu enemigo: robarte tu vida, tu felicidad, tu paz.

Por otro lado, Dios tiene un propósito cuando ves tus sueños realizados. Primero, Él puso esos anhelos en ti, y cuando los alcanzas, todos los regalos que vienen con los sueños realizados también llegarán para ti. ¿No es maravilloso? Claro que sí; pero para eso tu debes luchar, debes levantarte, sacudir el negativismo.

Recuerda que si estás rodeado de malas influencias, de gente que se empeña en declarar cosas negativas en tu vida, que tal vez se encuentran en un pozo y tú ahí con ellos, te vas a morir, te vas a hundir si no saltas y sales de allí, si no te atreves a buscar el camino que te lleve a estar rodeado de gente positiva, de buenas influencias, de gente productiva, de gente con visión, con metas, con objetivos, es así como alcanzarás esos sueños: con gente que te inspire a seguir, a crecer, a triunfar, a escalar.

Este caminar hacia los sueños es un viaje donde encontraremos escaleras de diferentes tamaños y materiales, que nos llevarán a un destino y a un propósito, y tenemos que subir y clavar el clavo, y poner el cuadro allá arriba; aunque abajo haya gente que nos diga que no vayamos, que no subamos, que nos caeremos, que esperemos, que sigamos durmiendo, que esperemos al otro turno, o que esa escalera no es lo suficientemente buena para nosotros. Nos podrán decir cien mil cosas, pero esas palabras no vendrán de lo alto, no vendrán de Dios. Dios siempre nos impulsa y nos anima, el enemigo nos desanima, nos acusa, nos lastima y nos quiere ver paralizados, nos quiere ver muertos, estáticos, tenemos que avanzar, no podemos quedarnos en el conformismo o con un grupo de personas que siempre son negativas y que no persiguen sueños en sus vidas.

Haz la diferencia, toma la iniciativa, no permitas que el enemigo te robe lo que Dios ya te entregó desde el principio, porque Él es quien pone los sueños en el corazón, las cosas buenas. Él desea que seamos bendecidos y bendigamos a otros, Él desea que vivamos plenos, que seamos cabeza y no cola, que prestemos y no que pidamos prestado, que venzamos y no que seamos vencidos. Tú y yo somos como un árbol cuando alcanzamos esos deseos de nuestro corazón, pero no como cualquier árbol, si no como ese árbol verde, lleno de vigor y fruto. Si alcanzamos nuestras metas, viviremos muy felices, seremos como ese árbol verde y fuerte, que no solo se verá hermoso, si no que tiene un propósito más allá de lo que se ve: tendrá fruto, dará sombra, ¿para quién? Para los demás. Muchos comerán de ese fruto, se alimentarán, serán saciados, bendecidos, recibirán gozo, vitaminas que mantendrán su cuerpo con una salud óptima. ¡Imagina cómo es de grande y profunda la bendición! Serás de gran bendición para los demás, vendrán muchos a ti; piensa en todo lo que un sueño puede alcanzar en tu vida y las de los demás, no es cualquier cosa, es un regalo y una misión.

Dios es tan bueno al poner esos sueños en nuestro corazón. No dejes que el diablo te los robe, no dejes que se vayan, no dejes que se mueran, no los dejes escapar, y si eso ya ha sucedido, recupéralos, ¡porque el Señor también tiene poder para quitarle al enemigo lo que te robo! Pelea por ellos, háblales como el profeta Ezequiel les habló a esos huesos secos y tomaron forma y comenzaron a caminar después que el espíritu de la vida de Dios entré en ellos. Háblales a tus sueños para que resuciten, habla vida sobre ellos, habla sanidad y restauración, hasta que se levanten del polvo, hasta que los veas caminando y en su rumbo a volverse realidad. ¡Sé que los sueños muertos pueden resucitar! Dios te quiere ver muy feliz, completamente feliz. Deja todo ese peso de amargura, de malos recuerdos, de rechazos, de opiniones en tu contra, perdónales, ámales y sigue adelante porque frente a ti está un futuro lleno de éxito, paz y prosperidad. ¡Dios es bueno! Él te ama y quiere lo mejor para ti, tiene miles de regalos ya envueltos con tu nombre, ¡especialmente para ti!

Espero que esto haga que te levantes y luches por los buenos sueños que tienes, que no te quedes como yo me quedé: sin hacer nada para alcanzarlos en el tiempo que debería haberlos logrado. A pesar de eso, nunca será demasiado tarde para comenzar, aquí estoy yo de ejemplo. Haz lo que necesites hacer para alcanzar los buenos deseos que tienes, porque si lo haces ¡estarás rescatando tu futuro! Yo no rescaté los míos en el tiempo que debí, tenía miedos, mis padres siempre fueron demasiado estrictos, yo no hacía nada malo, solo quería alcanzar lo que tanto deseaba; si hubiera podido rescatar mi vida de pasar por todos esos tragos amargos que pasé, lo hubiera hecho; si tan solo hubiera sabido lo que me esperaba en mi camino en este puente de la vida, hubiera hecho algo más que llorar y quedarme en la casa; creo que si mis padres hubieran sabido todo eso también hubieran actuado de manera diferente. Mas hoy no es tiempo de lamentos, de resentimientos o de heridas, hoy es tiempo de aprender de lo que vemos en otros y de hacer lo que nos lleve a esa escalera que nos llevará poco a poco, escalón por escalón, a ese sueño tan deseado.

Estoy segura de que la mayoría de los padres no quiene dañar a sus hijos a propósito, igualmente, Dios —como buen Padre— siempre te abrirá las puertas que necesitas, siempre te proveerá del alimento; si es necesario, enviará un cuervo o una viuda con lo último que le queda, o hará que brote agua fresca de una peña para saciar tu sed, o abrirá el Mar Rojo para que cruces cuando sientes que te encuentras sin salida, o te guiará con esa columna de fuego en la obscuridad para que puedas ver, o te guiará con la nube de día, o hará que caiga el pan del cielo, también puede enviar un Noé para construir esa arca que te salvará del diluvio. ¡Él te ama tanto! Nos ama tanto que hará lo que sea para salvarnos y vernos felices, y más vale que nosotros entendamos lo que nos está diciendo; es mejor que nosotros hagamos lo que nos toca, nuestra parte para llegar a ese punto alto de bendición. Noé construyó el arca que Dios le mandó, le dio las especificaciones de cómo hacerla, con qué tipo de madera, de qué medidas; Dios le guió y le habló, y él obedeció y comenzó a hacer lo que le dijo, la gente se burlaba de él, pero no hizo caso, los ignoró y siguió su trabajo en el arca, no quisieron escucharle ni creerle, ¡a Noé lo llamaban loco! Pero algunos sí le creyeron y subieron al arca: fueron los de su casa. Cuando llegó el diluvio, la gente le gritaba:

—Noé, ¡ábrenos la puerta!

Pero Dios había cerrado la puerta y ya no había oportunidad de salvarse; perdieron la oportunidad, se les fue, solo por no haber creído.

En la vida Dios nos da oportunidades, pero nosotros a veces las dejamos ir, Ellas son como un avión que despega y aterriza en una pista diferente: tú haces el plan, reservas el boleto, preparas tus maletas y abordas el avión; si llegaste a tiempo, te sientas y sigues las instrucciones, y llegas en un nuevo lugar, te trasladas a un lugar diferente, tienes una misión. Así es cuando Dios creó el mundo y nos creó a nosotros, ya sabía qué haríamos, quiénes seríamos, cómo seríamos y cuál era nuestro destino, Dios ya lo sabía. Él sabe las palabras que vamos a decir antes que salgan de nuestras bocas, conoce nuestros pensamientos, sabe que ahora estás leyendo este libro donde te está dando las herramientas para que los sigas, para que los alcances y los vivas, para que los disfrutes. Así es como Dios nos habla, usa lo que Él quiere y a quien quiere. Dios usó una burrita para hablarle a un hombre que no quería hacer caso a lo que Dios le estaba diciendo.

Pero recuerda que el arca se va; si no te subes, la puerta se cierra y ya no se abrirá. No dejes que la oportunidad se te escape, no dejes que el arca se cierre y te quedes fuera para esperar la muerte. Créele a Dios que hoy te dice: «Yo te ayudo a alcanzar tus sueños, tus suspiros, tus anhelos». ¡Súbete en el arca hoy!

CAPÍTULO XVIII

Soñar con tu futuro no es algo sin importancia, todo lo contrario, es algo sumamente importante. La educación formal nos ayudará a llegar a nuestros sueños, así que debemos impulsar a nuestros hijos y a otros a perseguir sus sueños, debemos ser buena influencia para toda la gente que este cerca de nosotros; en el caso de los hijos, los primeros interesados en estar dentro de los sueños son sus padres, así como Dios —que es nuestro Padre celestial— está sumamente interesado en que nosotros alcancemos nuestros sueños.

Muchas veces los padres tomamos el papel de todo con nuestros hijos, menos el de apoyarlos en sus sueños, de amarlos y abrazarlos y darles nuestro amor. Hay padres que ni siquiera les preguntan a sus hijos cuáles son sus sueños y deseos en la vida, y eso es una de nuestras responsabilidades mayores, formar buenos hijos, con metas, con visión. Sé que no hay una escuela de cómo ser padres; pero tenemos que dar lo mejor que tenemos a nuestros hijos, estaremos invirtiendo en ellos, dejando en sus corazones algo maravilloso, donde siempre van a estar agradecidos y lo más importante es que estén, bendecidos y felices sin tanto sufrimiento en la vida.

El mayor ejemplo lo tenemos de nuestro Padre celestial, cómo nos ama y desea que prosperemos en todo, nos impulsa y nos anima a hacer cosas buenas y salir adelante siempre. Él llegó para los que aún no le han recibido como Padre, les abraza y ama con ese mismo amor, porque sabe que ese amor poderoso es el que va a transformar sus vidas.

Ese amor fue y ha sido lo que ganó mi corazón, y no estoy diciendo que yo era rebelde, todo lo contrario, pero en los momentos de más necesidad en mi vida, en los momentos más dolorosos y difíciles, donde sentía que me ahogaba, que me moría por las situaciones tan duras que estaba enfrentando, en los momentos donde me sentí y me vi abandonada, en los momentos donde me sentí y viví muchos rechazos, en todos esos momentos vi la mano del Señor abrazándome tan fuerte, trayendo un bálsamo, un aceite fresco, un perfume con un aroma incomparable que me llenaba, me limpiaba, me confortaba, me consolaba, y eso era lo que me daba fuerzas para seguir.

En esos momentos descubrí que Su amor es el más especial de todos, que cuando tal vez yo ni siquiera merecía Su amor, Él nunca se fijó en mis errores, se fijo en mi corazón lastimado y herido, se fijó en mi necesidad, en que yo estaba sola y abandonada, en que habían suficientes dolores y heridas y que lo menos que necesitaba en esos momentos era una mano señaladora, condenadora, acusadora, una mano llena de crítica y desprecio. Él sabía que necesitaba amor, que necesitaba que me recogiera de ese frío pozo obscuro lleno de lodo donde me estaba muriendo; y eso fue lo que hizo.

Él dejo las 99 y fue a buscar la que le faltaba, a la perdida y herida; me tomó en sus brazos, me llevó a su redil, me limpió, me curó, me alimentó, me cobijó con Su amor. Acariciando mis cabellos, el Señor Jesus, mi Padre amado, me enamoró con ese amor único y profundo, especial y sincero, limpio, puro.

Es por eso que yo le amo tanto, le sigo, le di mi corazón y por eso le sirvo con todo mi amor; y también por eso no quiero abrir mi boca para hablar negativamente de nadie, sé que eso ha ocurrido algunas veces, pero trato de mantenerme alejada de esas cosas y le he pedido perdón al Señor porque no quiero caer en eso, no quiero desagradar al Señor usando mi boca negativamente: quiero bendecir la vida de las personas en todo tiempo. Sé que todos cometemos errores y que todos hemos dicho algo de lo que después nos hemos arrepentido, que todos hemos herido a alguien sin haber tenido esa intención; pero aprendemos y debemos corregirnos haciendo lo contrario, haciendo lo bueno y lo que hace contento el corazón de Dios y de los demás.

Yo como mamá he cometido muchos errores en mi

vida, hay cosas que nunca debí haber hecho o dicho, y cosas por las que sufrimos muchísimo; pero no podemos vivir así toda nuestra vida, porque acabarán con nosotros, con nuestra salud física y mental y nuestras emociones. Si no hacemos algo para sanar nuestro corazón, eso verdaderamente terminará con sueños, proyectos y familias. Hay una conexión poderosa y profunda en ver nuestros sueños hechos realidad, nuestras emociones y nuestra productividad diaria.

No podemos estar rodeados de gente negativa, que solo llegan a conclusiones negativas con respecto de toda la gente y cada circunstancia que está frente a sus ojos, eso daña profundamente la vida de todos los que estén alrededor. Es una maldición, una capa de obstrucción en el cielo para que las bendiciones de Dios se desaten sobre nosotros. cuando hay criticas y murmuración, cuando la gente no está contenta, eso es un gran estorbo para que las bendiciones del Señor sean derramadas sobre nuestras vidas, ¡eso trae enfermedades, maldiciones y muerte!

Todo lo que Dios nos da y nos ha dado a través de Su gracia, la salvación de nuestras almas, todas sus promesas y bendiciones, las podemos perder por una sola raíz de amargura. Hebreos 11:1 dice: «Mirad bien, no sea que alguno deje de alcanzar la gracia de Dios; que brotando alguna raíz de amargura, os estorbe y por ella muchos sean contaminados». Y cuando la gente no ha alcanzado sueños, ¡la amargura llega! Eso puede destruirte a ti y a los que están a tu alrededor, si no tienes cuidado y hechas eso fuera y haces algo para lograr tus sueños. Otra vez lo repito, la gente que alcanza sueños es gente contenta, feliz y positiva.

CAPÍTULO XIX

La amargura es un veneno mortal que paraliza, cuyo propósito es terminar con el corazón y hacer que deje de latir y suspirar por sueños. Si alcanzamos nuestros sueños, nuestro corazón se va a mantener alegre y contento, y vamos a poder disfrutar de cada una de las bendiciones de Dios, hasta de las cosas más simples. Proverbios 17:22 nos dice: «El corazón alegre constituye un buen remedio; mas el espíritu triste seca los huesos». Mira cómo Dios nos ha dejado cartas e instrucciones para todo: cómo vivir sabiamente para poder disfrutar de la vida abundante que Dios nos quiere dar.

Una persona que cumple sus sueños vive feliz, bendice a los demás con sus palabras y sus acciones, tiene razones de sobra para estar motivada y seguir adelante, se mantiene positiva aunque sea difícil. No es sencillo mantenerse pensando, hablando y actuando positivamente, sobre todo en un mundo lleno de maldad y de gente negativa que está a nuestro alrededor, pero todo se logra en el Señor y con Su amor. Debes rodearte de personas que luchan por alcanzar sueños, que bendicen tu vida y se alegran de tus logros, que te impulsan, que celebran contigo y a ti; las personas que no hacen eso seguramente tienen algún problema de amargura que no les permite disfrutar y gozar con la alegría y los triunfos de los demás. Recuerda que Dios dice que debemos gozarnos con los que se gozan y llorar con los que lloran, eso quiere decir que debemos unirnos a las alegrías de los demás y también en su dolor.

Es importante que nos animemos e impulsemos a perseguir esos sueños, si no queremos que la frustración y la amargura terminen afectando nuestra vida, nuestra familia, nuestros ministerios, nuestras relaciones con otros y con Dios también.

Dios quiere bendecirnos y vernos realizados y contentos, Él quiere que también bendigamos a los demás, y para lograr eso debemos tener una vida plena y bendecida, si nosotros no estamos bendecidos, ¿cómo podremos bendecir a otros? No podremos avanzar hasta que saquemos eso de nuestro corazón y comencemos una vida nueva. Si tus sueños ya parecen muertos, secos o se esfumaron como el humo, comienza una nueva vida hoy de libertad en tu alma, esos sueños resucitarán; ¡tú puedes lograrlos!, y si ya no puedes alcanzar algunos de ellos, puedes alcanzar otros que te hagan feliz, ¡comienza hoy!

No importa los años que tengas de vida, si quieres llorar y derramar tu corazón y tu alma delante del Señor, hazlo, no te detengas por nada ni por nadie. Si todavía tienes vida, todavía puedes alcanzar sueños pasados, ¡en Dios todo es posible!

¿Sabes cuánta gente se quita la vida porque se sienten llenos de amargura por no poder verse realizados, por sentir que todo es un fracaso en sus vidas, por sentirse solos y que no hay nadie que les ayude a alcanzar esos sueños que tanto han anhelado? Conozco personas en edad adulta que han trabajado y luchado pero no sienten que han alcanzado ni uno solo de esos sueños que tenían en su corazón desde su niñez, porque algo pasó y su vida tomó un rumbo diferente, pero tienen la esperanza de que algún día despertarán en esos sueños. Hay millones en el mundo que por un sueño que han tenido en sus vidas y no lo han logrado hoy se encuentran hundidos y perdidos en vicios, en drogas o alcohol, prostitución, y en tantas cosas más. El poder de la conexión entre los sueños realizados y las emociones, la felicidad o la tristeza y amargura es verdaderamente significativo. Sé que ya dije esto varias veces, pero quiero que se quede en tu mente, deseo que recuerdes estas palabras para que tengas cuidado porque esas cosas destruyen.

Cómo quisiera ayudar a todas las personas que están sufriendo por situaciones como esas; es por eso que estoy compartiendo mi historia, para ayudarte a salir de ese dolor tan grande del corazón, para que sepas que sí se puede aunque nadie te haya dicho: «¡Yo te ayudo a alcanzar tus sueños!» Hay alguien que te está diciendo esas palabras: Dios. Él te puede dar todo lo que anhelas; Él dice que si te deleitas en Él y le crees, le adoras y le sigues, si hablas en fe lo que es imposible para ti, Dios alcanzará tu sueño y lo pondrá en tus manos, recibirás alivio, podrás respirar y decir: «Gracias, Dios». Así que, no te pongas límites, Dios no tiene límites.

CAPÍTULO XX

Tú puedes convertirte en un ángel que desate palabras de bendición para todos los que te rodean. Puedes orar por todos los niños y jóvenes y mujeres que conoces para que Dios les ayude a alcanzar esos sueños; puedes darles palabras de ánimo y fuerza para seguir adelante; puedes bendecirles con un abrazo; puedes llevarles a la escuela; puedes impulsarles celebrando sus éxitos; eso hará una gran diferencia en sus vidas y a ti te llenará el corazon de felicidad al saber que estás ayudando a alguien a subir esa escalera que los llevará a ese sueño tan deseado. Dios te bendecirá por eso grandemente.

Y a ti que has pensado que no hay nadie cerca de ti para apoyarte, confía que Dios sí está y te está hablando ahora mismo. Dios es ese alguien que te ve, te ama y esta contigo, que está ahí para ayudarte a lograr y alcanzar sueños más grandes. Tal vez no tienes los recursos, el conocimiento, ni las influencias que necesitas para lograrlos, pero Dios sí. Él tiene todo lo que necesitas para alcanzar muchísimo más de lo que puedes imaginar. Él puede hacerte feliz para prosperar tu vida y que vivas contento, satisfecho, y puedas ayudar a otros también.

Dios me ha enviado muchos ángeles, me envió uno que lleva por nombre Rosy. Ella que me llevó al colegio en unos días que mi auto se descompuso, y todo sucedió divinamente. Rosy fue muy linda y somos buenas amigas por todos estos años. Dios también me envió ángeles que están cantando en el cielo, como el pastor Ramiro López y su esposa Lety; ellos están en nuestros corazones. Asimismo me mandó a Vilma Ramírez, quien me ha acompañado a mis presentaciones y dado su apoyo en todo. Dios me envió a la familia Walker, Zilita Benedyk y su esposo Ray, Vicky y George Rubiano; un ángel tan precioso como Eleanor Grace S. y Esther Vidal, que ya están con el Señor. Mi hermana Noemí y su esposo, mi hermano Pedro y su esposa, mi hermano Rigoberto y su esposa Sara, y cada uno de mis hermanos y mi hermana Diocelina su esposo Miguel y sus niños, Mr. Shank y sus niños, Victor Vaquez y su esposa y familia, hermana Carmen Vazquez y familia, Ruth que tanto me ayudó cuando más lo necesitaba. Lorraine Rohrig, Carol y Ellen Hegarty, Nelly Nuñez, Dennis y Denise Rohrig, Sandrita y su familia, mis padres Pedro Luviano y Diocelina, mis niños Jhoana Madai C. Peter, Gracezoey, mi esposo Richard D. Rohrig, ¡que me han bendecido tanto! Hay muchísimos más, que de mencionarlos a todos, nunca terminaría.

Muchos podrán pensar: «¿Cómo el incumplimiento de los sueños puede afectar tanto la vida de alguien?»

Yo jamas pensé que un día eso se convertiría en una herida dolorosa y que aparecería en muchos momentos de mi vida, especialmente en los de dificultad. Cuando enfrenté problemas, donde necesitaba para suplir las necesidades de mi hogar, teniendo tanta y tan grande responsabilidad, siendo la única persona que proveía para mi hogar, al mismo tiempo sufriendo rechazos, yendo a muchos lugares que al no tener las calificaciones, los diplomas, el conocimiento que ellos pedían, aun para una posición tan simple como limpiar, no me aceptaban. ¿Sabes cómo regresaba de esos lugares? Con lágrimas en los ojos, con el corazón desgarrado, a veces con enojo, llena de frustración y tristeza, porque siendo una mujer tan responsable y trabajadora, honesta, puntual, amable y positiva, tenía que estar sufriendo todo eso.

Tenia que subirme a mi auto y manejar con dificultad porque no podía parar de llorar. Yo solo quería ser una buena mamá, solo quería trabajar para darles a mis bebés un techo, comida sobre la mesa, ropita y zapatos; no le hacía daño a nadie y solo buscaba la forma de salir adelante. Todo eso me causaba mucha tristeza, pero seguía siempre adelante yendo de un lugar a otro, de una agencia a otra, siendo rechazada una y otra vez por la misma razón. Pensaba que mi vida hubiera sido totalmente diferente si yo hubiera tenido la oportunidad de terminar mis estudios, como yo lo deseaba. Y todos esos factores y tristes experiencias comenzaron a dañar mi corazón. Cada vez que intentaba regresar a la escuela, siempre había algo.

Recuerdo muy bien una mañana fría; eran como las 6:15 am en la Ciudad de México, yo estaba más que lista: peinadita, con mi ropa limpia, mis cuadernos y todo lo que necesitaba para irme a esa escuela de arte y diseño . Tan emocionada me encontraba. Tuve que ir y hablar con el director para rogarle que por favor me permitiera estudiar (yo ya había pasado la edad para entrar en esas escuelas), él nos dijo —a mi madre, mi hermana y a mí— que no podía. Yo le rogué tanto para que por favor me diera la oportunidad; le hablé desde mi corazón, el Señor lo sabe que así fue. Al ver mi entusiasmo, mis ganas, me dijo al final:

—Te voy a dar la oportunidad, aquí te espero el lunes a las 7 am.

Me dio la lista de lo que necesitaría y me extendió la mano. Creo que ese hombre se conmovió al ver el sueño que había en mi corazón, la determinación, la iniciativa que tomé; eran tantos mis deseos de estudiar, estaba tan decidida, que seguramente pensó: «Esta niña debe tener un buen futuro y está frente a mí, pidiendo una oportunidad. Se la voy a dar. Quiero ser parte de su gran futuro», y eso hizo.

Nos fuimos, salimos de esa oficina, yo estaba tan feliz y agradecida que quería darle un abrazo; pero no lo hice por respeto. Me fui directamente a comprar lo que necesitaría para mi nueva escuela. Estaba emocionada, sin poder esperar a que llegara el lunes.

El día llegó ¡y yo estaba tan emocionada! Estaba tan

feliz porque por fin iría a la escuela para prepararme y ser alguien en la vida, tener una profesión y así alcanzar los sueños que tenía. Al saliendo de mi recámara, mientras caminaba hacia la planta baja de la casa hacia la salida, le dije a mi mamá:

—Ya me voy a la escuela, ¡estoy tan emocionada! No quiero llegar tarde.

Todos podían notar mi emoción. Pero ella me dijo:

—¡No vayas! ¡Por favor, no vayas!

Inmediatamente cambió mi cara de felicidad y emoción, y le pregunté:

—¿Por qué no?

Ella no tenía una razón que validara sus palabras, pero me dijo algo que no quiero mencionar. Le dije que yo quería ir, que por favor me dejara ir, que ella era testigo de cómo le había rogado al director de la escuela para que me permitieran estudiar. Ella comenzó a llorar y me dijo una vez más:

—¡Por favor, no vayas!

Yo siempre obedecí a mis padres, siempre; en aquellos tiempos, para mí no era un opción obedecerles, todo lo que ellos decían era lo que yo hacía. No podía opinar sobre mi educación; la vida fue así para mí, ellos eran sumamente estrictos en todo, siempre les ayudé a trabajar en la casa, al igual que la mayoría de mis hermanos. Crecí con ese espíritu de responsabilidad desde pequeña, crecí con responsabilidades, no tuve el privilegio de disfrutar una niñez normal, como muchos niños. Tenía solo cinco años cuando recuerdo que me levantaban a las 5 am porque todos lo hacían para trabajar, así era nuestra vida: «tú vete para allá; tú para allá; tú haz esto; tú estás a cargo de aquello; tú toma todas esas cosas y te vas con esta niña a vender; tú tiendes todas las camas, barres, trapeas los pisos, lavas los trastes, y te vas con mamá, o con tu hermano tal a vender». ¡Cómo recuerdo esos días! En tiempo de frío, mis manitas se ponían moradas de frío. Los carros venían a toda velocidad, había siempre gente atropellada, y nosotros íbamos a ese camino para trabajar y ganar dinero para ayudar en la casa. Dios siempre nos protegió —y lo sigue haciendo—, pero sin duda fueron tiempos duros donde aprendimos a trabajar duramente y ser responsables. Gracias a Dios, nuestros padres nos enseñaron todo eso.

Regularmente todos obedecíamos; pero al ver a mi mamá llorando, no podía desobedecer e irme a estudiar. Regresé llorando a mi recámara, sin entender por qué todo eso me tenía que pasar a mí una y otra vez. Sentía que todos mis sueños se iban abajo; yo estaba sin consuelo, sin poder luchar por mi derecho de estudiar para tener un futuro. Esos son días que jamás olvidaré, pero he decidido perdonar sabiendo que la primera persona libre seré yo, y también para que ellos reciban libertad. No sé si alguna vez sintieron culpabilidad, pero hoy ya no estoy triste ni resentida,

¡estoy feliz! Muy feliz por todos los deseos y las buenas cosas que Dios me ha ayudado a alcanzar en mi vida; no fueron todos exactamente lo que yo quería, algunos sí, pero eso no importa, lo que importa es que Dios siempre ha estado conmigo. Él vio mi corazón y mis deseos y me ha llevado a lograr muchas cosas de las que estoy muy agradecida.

CAPÍTULO XXI

Hoy muchos hijos se salen sin permiso, y no precisamente a estudiar, ¡y los padres no pueden decir nada! Pienso que a veces las cosas son muy injustas. Yo siempre fui muy aplicada en la escuela, nunca tuvieron quejas de mí, no era la excelencia andando, pero sí me esforzaba. Mis padres siempre estaban trabajando, así que nosotros teníamos que hacer nuestras tareas solos. Estaba más o menos bien en mis calificaciones, pero los profesores siempre se sentían satisfechos de mi esfuerzo, ellos veían cómo me esmeraba en todo, entregaba mis trabajos limpios, bien escritos, con las hojas bien limpias y estiradas, no llenas de arrugas y manchas como veo que muchos hacen hoy.

Nunca tuve el privilegio de que mis padres fueran a mis escuelas para las juntas de los padres, solo recuerdo que en dos ocasiones mi padre fue a esos eventos, firmó mi boleta de calificaciones y se fue porque no tenía tiempo de esperar al final, eso era algo que me entristecía mucho; siempre veía a todos los padres llegar, menos a los míos; solo les preguntaba:

—¿Por qué no fueron a la junta de la escuela? Todos

los padres van, ¡menos ustedes!

Su respuesta era que no tenían tiempo de andar en juntas. Creo que no decían eso para lastimarme intencionalmente, pero sí me ponía muy triste. Pasé mucho tiempo intentando ir a una escuela, buscando la forma de que entendieran que yo quería prepararme para tener un futuro.

Un día fui a casa de unas amistades de la familia a dejar un pedido que me había enviado mi papá. Caminábamos a donde ellas vivían, en un lugar llamado Fuentes. Eran tres hermanas que vivían juntas en un pequeño apartamento con sus hijos, y a veces tenían allí a sus padres, mas ellos enfermaron y murieron; pero ellas siempre estaban juntas, se ayudaban siempre; dos trabajaban fuera y una se quedaba en casa cuidando de todos los niños, limpiando la casa, cocinando y haciendo los mandados. Eran muy buenas personas, las recuerdo siempre: Rosy, Cesy y Lupita. Las tres tenían profesiones. Rosy trabajaba como enfermera en el hospital de la Raza, un hospital muy grande y reconocido en la Ciudad de México. Estando en casa de ellas ese día, me preguntaron:

—Chelita, ¿por qué no estás yendo a la escuela? Deberías prepararte para tener un buen futuro.

Y yo me sentí triste porque lo había intentado, sin éxito.

Lupita trabajaba como supervisora de planteles educativos superiores, y me dijo que si yo quería ,ella podía hablar con cualquier director que yo quisiera para que me aceptara y comenzara a estudiar. Muy emocionada, le pregunté si de verdad ella podría hacer eso por mí, y me respondió:

—¡Claro! ¡Claro que lo hago!

Ellas siempre nos hablaban, a mis dos hermanas y a mí, de estudiar y prepararnos, de tener una carrera profesional para no sufrir en el futuro; y yo siempre quería hacerlo, pero la respuesta de mis padres siempre era la misma, y cada vez tenían una excusa diferente, cada vez tenían algo negativo que decir para validar que estaban en lo correcto al no dejarme terminar mis estudios.

Un día, Rosy, Lupita y Cesy me dijeron:

—Vamos a ir a hablar con tus papás para que te dejen estudiar.

Yo se los agradecí muchísimo. Recuerdo que fueron en diferentes ocasiones y hablaron con ellos. Ellas siempre eran muy bien recibidas en casa, pero tuvieron una conversación, mi papá dijo rotundamente que no, que no estaba de acuerdo, que para qué quería que sus hijas fueran a escuelas superiores, que después comenzaban con novios, salían embarazadas y para qué querían estudiar, que sus hijas no tenían malas influencias y que allí encontrarían malas amistades que nos cambiarían la vida, y que además después nos íbamos a casar y para qué queríamos estudiar si íbamos a tener un marido, que la mujer no estaba hecha para estudiar, que la mujer estaba hecha para estar en la casa, teniendo niños, cuidándolos, lavando platos, haciendo de comer y cuidando una casa. Mi mamá, por pena, les dijo que sí; y yo con eso me entusiasmé, allí fue donde les dije:

—¿Puede por favor hablar con un director?

—Sí, ¿qué carrera quieres estudiar? —respondió Lupita.

Comenzamos a hablar de carreras y trabajos, y me interesó al menos ser trabajadora social. Me conformaba con una carrera corta al menos, ya que no me permitieron seguir esa carrera larga que yo tenía en mente: medicina; y estoy segura que si me hubieran dejado, lo hubiera logrado. Muchas veces me dije a mí misma: «¿Por qué no te fuiste y lo hiciste? ¡No estabas haciendo nada malo!» Pero ellos comenzaban a decirme que yo estaba en desobediencia y que Dios me castigaría por eso; mi mamá lo decía porque ella era cristiana, mi papá era católico y odiaba a los cristianos y no quería saber nada de eso; pero sí decía que si yo hacía algo que ellos no aprobaban, estaba en desobediencia y mientras viviera en esa casa tenía que obedecer.

Finalmente, la amiga de la familia hizo una cita en la escuela para hablar con el director acerca de mí, yo la convencí que lo hiciera para ver si de ese modo mis padres cambiaban de opinión. Mi papá dijo que yo no iría sola a ningún lado, entonces dijo que si mi otra hermana también se inscribía, entonces yo podía ir. Convencí a mi hermana para que estudiara en la misma escuela, ¡me costó tanto! Ella no quería estudiar —o no quería en esa escuela y en ese momento—, y no estaba con el mismo entusiasmo. Tuve que hablar con mi hermano Jorge para que me ayudara y los convenciera.

El día llegó y nos llevó mi hermano menor y mi papá, nos juntamos en la escuela que estaba un poco lejos de la casa, entramos en la oficina del director del plantel, nuestra amiga nos presentó como familia, y hablamos. Él solo escuchó la recomendación de ella y fuimos recibidas inmediatamente; además tuvimos privilegios, el director fue tan amable y se portó bien que me hizo sentir muy animada y feliz. Comenzamos a hacer el proceso del papeleo y terminamos con éxito. Para mí era un sueño hecho realidad. Nos fuimos a casa, y en el camino, mi papá comenzó a expresar su desacuerdo y enojo; dijo que no quería que fuéramos a la escuela y comenzó a decir tantas cosas que toda mi felicidad, entusiasmo y emoción se esfumaron en un instante. Dijo que no nos dejaría ir y se molesto con todos los que habían participado en ese asunto.

Recuerdo que mi hermano Jorge regresó de trabajar y comenzó a hablar con él, le dijo de los peligros en las calles, en el transporte, en la escuela y todos lados, y comenzó a repetir lo que siempre decía: que nosotros no teníamos malas mañas y que nos harían caer en la primera trampa que nos pusieran. Yo solo quería que me dejaran estudiar, era lo único que anhelaba; a mi hermana no parecía importarle mucho, y eso me entristecía. Me sentía impotente porque no podía hacer nada, no tenía decisión propia, no podía opinar, decidir, ni hacer que me dieran la oportunidad de salir adelante. A veces sentía y pensaba que me quedaría encerrada en ese frasco de conformismo para siempre.

CAPÍTULO XXII

Fui una niña sumamente obediente, ayudaba en la casa en todo, en esa casa yo trabajé —como decimos en México— como burro. Lavaba grandes patios, lavaba la ropa de todos muchas veces, planchaba, hacía y deshacía maletas de viaje, iba al mercado, cocinaba, lavaba todos los trastes, ayudaba en el negocio de mi papá como cajera; además teníamos que hacer cientos de tamales todos los días.

Mi hermana Chelina, a quien amo con todo mi corazón, y yo éramos las encargadas de hacer todo ese trabajo. Todos los días preparábamos las salsas, poníamos a cocinar el pollo y a desmenuzarlo, batíamos grandes cantidades de masa y hasta que comprobábamos en un vaso de agua que la bolita de masa se quedaba flotando recién podíamos descansar nuestros brazos de batir y comenzar a envolver cientos de tamales. Teníamos muchísimo trabajo. Terminábamos y solo teníamos tiempo para cambiarnos e irnos a venderlos en el frío y la obscuridad, y a veces durante el día en la misma casa.

Así era nuestra vida. No teníamos tiempo para pensar en una carrera o en tener un novio, y si lo hubiéramos hecho, no nos hubieran dado permiso, solo teníamos miles de cosas que hacer en la casa, y solo por algunas horas para que a las 2 de la madrugada levantarnos para comenzar a batir esos kilos de masa y entregar tamales calientitos, limpios y frescos a los clientes. Nunca tuvimos la dicha de levantarnos tarde, ¡las 7 de la mañana ya era tardísimo! ¡Ya estábamos de flojas! Siempre oíamos gritos de:

—¡Ya levántense! ¡Ya es hora!

Tuvimos que trabajar desde pequeñas. Cuando llegué al matrimonio, era tan responsable y madura que se me hacía que yo ya había vivido con esa responsabilidad toda mi vida, ¡lo cual era verdad!

De todo lo que hacía, nada de eso me gustaba. Y a veces expresaba mis sentimientos, mis inquietudes y mis deseos.

—¡A mí no me gusta hacer esto! No me gusta vender cosas, no me gustan estos tipos de negocio.

Me decían que eso era lo bueno y mejor a estar esclavizada en un trabajo donde ganaría poco dinero y tenía que estar siempre presente a la hora que me dijeran recibiendo órdenes. Yo solo pensaba que para eso yo quería estudiar, terminar mis estudios en las escuelas superiores, pero ya no me permitieron continuar.

Honestamente, lo único que hacíamos era estar

esclavizadas trabajando. No teníamos descanso, además no tenía libertad para hacer absolutamente nada. Cuando salíamos de viaje para cantar, nadie se me podía acercar para saludarme y platicar conmigo; si alguien me escribía alguna carta, me hacían leerla en público a la familia, no tenía permiso para tener amigos, no tenía permiso para hablar por teléfono con nadie, no tenía permiso de tener novio, ni siquiera de pensar en eso. Me sentía atrapada en un frasco cerrado donde me estaba asfixiando. Podía salir solo cuando mi mama iba a visitar a sus amigas de su edad; y en cada casa que llegábamos, fuera de quien fuera, mi mamá se sentaba con sus amigas a platicar, y me decía:

—Lávale los trastes a la hermana.

Y me ponían a lavar los trastes; así que no solo lavaba los de mi casa, también los de otras casas.

Debo admitir que mi mamá trabajaba demasiado y disfrutaba mucho esos tiempos que tenía con sus amistades de años. Un día llegamos a una casa donde tenían trastes que no habían lavado en meses: en la cocina y el piso había amontonadas pilas y pilas de trastes. Y mi mamá me hizo lavarlos; yo siempre obedecía sin decir pío. Ese día estuve horas lavando, al fin la señora de la casa, en vez de ser agradecida, dijo que yo no había lavado bien sus trastes. La verdad no sé cómo lavé tantos trastes.

Esa era yo. Mis sueños más grandes eran estudiar y tener una profesión, tener un trabajo respetable y ayudar a mis padres y a mi familia, a los necesitados cuando creciera, y seguía luchando por eso; el tema de los novios no llamaba mi atención, yo quería hacer algo que marcara mi futuro para bien, así que seguí intentándolo.

¿Qué pasó con lo de la escuela que nuestra amiga habló personalmente con el director? Creo que ya imaginas la respuesta.

Para mí, ese día fue trágico. No me dejaron ir, ¡y tenía todo listo! Creo que nadie tiene una idea de cómo sufrí por todo eso, y por ver que cada vez que yo trataba de salir adelante, de regresar a una escuela, al menos para tener una carrera corta, cuando pensaba que el milagro sucedería y me quedaba tan entusiasmada, todo se venía abajo. Creo que esa fue una de las razones por las que cuando crecí un poco más, decidí casarme joven.

Pensé que tal vez podría tener algo de libertad para estudiar, y cuidar de mi nueva casa. Me había enamorado, mas en mi familia nunca se hablaba ni se nos enseñaban cosas de la vida, de conocer a las personas, de tener una amistad y conocerse a través de salir de platicar y hacer cosas sanas. ¡Yo nunca supe de la menstruación! ¿Puedes creer eso? Nunca supe que eso les tenía que dar a las mujeres a cierta edad y cuál era el propósito; ¡mi madre jamás me habló de eso! El día que eso me sucedió yo casi tenía quince años de edad! Me espanté cuando vi la sangre en mi ropa interior, y corrí con ella y le dije que tenía sangre; ella solo me respondió:

—Toma una de esas toallitas que me traen de la farmacia y póntela ahí.

¡Y fue todo! Me fui por la toalla, caminando toda rara, espantada, y regresé al baño, abrí la cosa esa que tenía en mis manos y jamas había visto fuera del sobre, me le quedé viendo... y me dije a mí misma: «¿Y esto qué es? ¿Cómo se pone?» Vi que tenía una bandita de papel a lo largo y la jalé. No tenía instrucciones, como hoy tienen una flechita que dice: «jale aquí». Vi que tenía pegamento y pensé: «¿De qué lado irá el pegamento? Creo que va del lado de la piel para que no se caiga». Con miedo de traer algo diferente cargando conmigo, eso hice, y dije: «¡Aquí va!» Y lo tallé bien, como cuando esta sellando un sobre, me puse mi ropa interior de regreso y me fui. Lo único que me preguntó después de un rato fue si me había puesto la toalla, y le dije que sí; ella no me explicó, y yo no hablé más acerca de ese asunto. Me dijo después que me tenía que cambiar la cosa esa de vez en cuando; yo que sentía que no podía caminar, y cuando llegó el momento de ir al baño, me di cuenta, con mucho dolor, ¡que la cosa esa se ponía al revés! Sin saber me hice un depilado gratis y doloroso. ¡Las cosas que le pasan una! Te puedes reír, así como yo me río ahora que lo recuerdo, no te preocupes.

Así aprendi muchas cosas de mi vida, sola, sin que me explicaran. Pero ya no quería seguir así. ¿Por qué te he hablado de esto? Porque todo está conectado, porque los padres, en aquellos tiempos, (espero que eso no suceda más) creían que estaban haciendo lo correcto, y estaban equivocados en diferentes puntos.

Nosotros como padres deberíamos romper con esos ciclos equivocados, enseñándoles a nuestros hijos las cosas que deben saber de la vida de la forma más correcta, debemos ayudarlos y darles la oportunidad que conozcan acerca de las cosas de este mundo y lo que podemos encontrar, para que no crezcan todos ingenuos y le crean todo a la primer persona que se les ponga en frente sin siquiera tener idea de lo que les espera, como me sucedió a mí, si nosotros no les tratamos de enseñar las cosas que deberían saber, alguien más lo hará y seguramente de la forma equivocada.

Al mismo tiempo debemos ponernos en sus zapatos, especialmente cuando nosotros como adultos y padres ya hemos atravesado ese camino, debemos saber que nuestros hijos desean y necesitan saber cómo se mueve este mundo, los peligros tan grandes que existen, las ventajas y desventajas, donde y cuando debemos tener más cuidado, sin privarlos de la libertad que merecen que les ayudara a conocer un poco de lo que hay en el mundo. Nuestros hijos deben disfrutar su vida en cada etapa, pero debemos asegurarnos que estarán al menos preparados para enfrentar la vida y lo que viene con ella. Como padres es nuestra responsabilidad amarles, guiarles, animarles y ser sus mejores amigos, reír con ellos, abrazarlos, divertirnos, hacer cosas que sean sanas y divertidas con ellos, ellos necesitan saber que somos los primeros que estaremos ahí para apoyarlos y defenderlos, para animarlos siempre y bendecirlos, para estar orgullosos de ellos y celebrar cada logro de sus vidas, queremos hijos con visión, con metas y sueños, con mente de reino, que sepan quienes son, hacia donde se dirigen y porque están aquí, que nosotros y ellos nos aseguremos de que están cumpliendo su propósito en este mundo, que están satisfechos, contentos, en paz y llenos de amor. Que puedan enfrentar la vida con valor, sin temor, con seguridad, teniendo por fundamento que Dios los ama y esta con ellos siempre, que tomados de sus manos siempre saldremos adelante, y también que debemos ser valientes y aprovechar los regalos y oportunidades que tenemos en nuestro caminar por el mundo.

No juzgo a ningún padre, yo como madre he cometido muchos errores, pero le ruego a Dios que me ayude para ser mejor cada día, no porque soy la madre pienso que soy perfecta y tengo excusas por los errores que cometo, muchas veces mis niños me han dado excelentes lecciones que me han ayudado a crecer y ser mejor, a tener mejores relaciones con ellos y rompen esos ciclos equivocados, no quiero darles a mis hijos solo dinero u otras cosas, quiero darles mi amor, apoyo y bendición siempre, ser padre no es tarea fácil, pero si se puede lograr. Gracias a Dios por los padres que se han sacrificado para darles a sus hijos todo, como los míos, si no habías escuchado algo como esto, no te sientas mal, hiciste lo mejor que pudiste, pero si debes cambiar o aprender algo, por favor hazlo, no importa la edad que tengas, todos estamos aquí tratando de ser mejores y corregir las cosas equivocadas que hemos venido haciendo, nunca es tarde para moverse al camino correcto.

No les juzgo ni critico, nadie nació sabiendo cómo ser padre; y si vemos el trasfondo de cada uno vamos a descubrir que nadie puede dar lo que no tiene. ¡Yo estoy muy agradecida por todo el trabajo que ellos hicieron y los sacrificios para sacar esos nueves hijos adelante!

CAPÍTULO XXIII

Los padres jugamos un papel muy importante en el futuro de nuestros hijos y somos los indicados y puestos por Dios para impulsarlos y ayudarlos a alcanzar esos sueños. No quiero que mis hijos pasen lo que yo pasé, y los impulso siempre a estudiar y seguir adelante, a no detenerse por nada ni por nadie, y a perseguir esos sueños que son posibles si ellos se aplican a seguir. Les he dicho a mis hijos que pueden ser presidente de la nación, si lo desean; ellos tienen la capacidad de llegar, y tendrán siempre mi apoyo para lograr cada una de sus metas y sueños.

Siempre les impulso para estudiar y les recuerdo continuamente que el estudio es una de las decisiones y acciones más importantes de sus vidas, ¡es su futuro! Es su vida y la de sus hijos, aunque hoy no lo piensen o vean de esa forma, se los dice alguien que ya cruzó ese puente. Es para que ellos no sufran lo que yo sufrí. No los quiero limpiando baños, limpiando casas, trabajando en bodegas, empacando cosas, cargando bultos pesados, como yo tuve que hacer en mi vida solo por no haber tenido una profesión o una carrera corta que me brindara la oportunidad de tener un diferente trabajo, una diferente y mejor calidad de vida, un trabajo respetable. Quiero que tengan un empleo que los haga sentir satisfechos y desarrollados como seres humanos, que se sientan y sepan que tienen la capacidad de hacer algo grande en sus vidas porque para eso nacieron en este mundo: para dejar huellas, pero no huellas de dolor o de resentimiento.

Por eso quise escribir este libro, para ayudar a los padres a entender la importancia de soñar con sus hijos, de pensar en la educación formal que es muy importante, de permanecer en ese viaje de sus sueños hasta que despierten en ellos, hasta que los vean felices y completos, satisfechos, logrando lo que han deseado. Tal vez tus hijos ya crecieron y siguen teniendo sueños, tal vez jamás les preguntaste cuáles eran, nunca es tarde para eso. Tal vez son tus propios sueños, tal vez eres un adulto mayor con hijos y nietos y todavía tienes fe y esperanza de alcanzar al menos algunos de los sueños que has tenido en tu vida y por alguna razón nunca los pudiste alcanzar. A lo mejor conoces a alguien que tiene sueños, una poderosa historia para contar y no sabe cómo alcanzar esos sueños, o siente que no tiene la capacidad o los medios para hacerlos realidad. Pero tal vez Dios te ha puesto en el camino de esa persona para que le ames y ayudes, le bendigas con tus palabras y oraciones y también le regales de tu conocimiento, de tus herramientas que podrán llevarle a ese lugar que tanto a deseado.

Pude comenzar a hacer cosas diferentes después que me casé, vi que tenía otras oportunidades para crecer y aprender nuevas cosas. Gracias a Dios que el hombre que compartió la vida conmigo por todos esos años siempre fue bueno conmigo en muchos aspectos, casi en todo, de los cual yo sigo profundamente agradecida, y siempre le bendigo en mis oraciones.

Fue a partir de ese momento que yo comencé a expandirme un poco, todavía con limitaciones porque cada ves que quería comenzar algo ahí estaban esas voces tratando de pararme. Comencé a tomar cursos de todo, me encanta el arte, así que tomé clases de arte en diferentes ramas, y a practicar. Dios me bendijo tanto que siempre me prosperaba en todo y me sentía muy feliz. Tenía un pequeño negocio, no donde yo tenía que hacer lo que hacía en casa de mis padres, sino algo diferente que me hacía sentir feliz y contenta. Seguí adelante y regresé a la escuela superior, no me importaba viajar cuatro horas diarias entre la gran ciudad para ir y regresar; me levantaba tempranito y me quedaba en la escuela, y de regreso tomaba un transporte público. El solo hecho de pensar que me iba a graduar me daba tanta alegría y esperanza. Pensaba ir a la universidad para comenzar la carrera de medicina, no quitaba mi dedo del renglón.

Es muy importante con quién nos juntamos, de quién escuchamos palabras, quién tiene influencia sobre nosotros y quiénes somos, el valor que tenemos, en qué nivel está nuestra estima. Si creemos que somos capaces de llegar lejos o si pensamos que no importa lo que hagamos nunca llegaremos ni a la vuelta de la esquina.

Había una amiga de la familia de muchos años, yo la amaba mucho, la respetaba y siempre fuimos buenas amigas, todavía la amo, respeto y admiro; pero hay algo que me entristeció mucho, algo que salió de sus labios el día que le expresé mi deseo de entrar a la universidad para estudiar medicina. Ella se burló de mí:

—¿Tú? No creo... No creo que puedas lograr eso.

—¡Claro que sí puedo! ¿Por qué no?

Dios a todos nos da la capacidad y nos ayuda, nos bendice con su sabiduría, si la necesitamos. Pero la respuesta de ella fue que yo no podría, que no lo lograría.

¡Qué triste oír palabras como esas!, especialmente de las personas que amamos, que nos aman y que consideramos parte de nuestra familia, o que realmente son parte de nuestra familia. Lamentablemente, no siempre se recibe ese apoyo. Yo no lo recibí. Cuando llegaba de la escuela y sacaba una buena calificación, estaba toda contenta, agradeciéndole a Dios por ayudarme en los exámenes, y lo primero que hacía al llegar a casa era correr con mi familia para decirles que había sacado una buena calificación y les enseñaba mi examen; pero la indiferencia siempre estaba presente, el enojo y la negatividad, esa actitud cortante y desinterés por mi felicidad y mis pequeños logros. Corría con uno y con otro, y no podía encontrar una sola persona feliz conmigo. Me ignoraban; por eso me daba la vuelta y me iba, mis ojos llenos de lágrimas y mi corazón triste, muy triste por todo eso, no podía entender por qué siempre tenían una actitud tan negativa.

Seguí con mi vida aprendiendo más cosas, tratando de seguir adelante, pero esas palabras también marcaron mi vida, sin querer fui guardando en mi corazón tanta amargura y resentimiento que llegó el punto donde me sentía tan rechazada y herida en mi alma que sabía que necesitaba sanidad interior, que necesitaba la mano y el amor de Dios en mi vida para que se llevara todo ese veneno mortal que quería terminar conmigo.

Dios me respondió, y en un día especial, sanó mi corazón completamente, me dijo las palabras más hermosas que jamás olvidaré; le pedí que tocara mi corazón y me ministrara en lo más profundo, que me dijera que Él era mi Padre amado y yo su hija amada, y me lo repitiera muchas veces, y así lo hizo. Llegó un predicador de Guatemala a quien nunca había visto, él no nos conocía ni nosotros a Él; y Dios lo utilizó para ministrarnos en lo más profundo, ese día el Señor me liberó de toda esa pesada carga que me estaba matando.

CAPÍTULO XXIV

Después de algunos años, me vine a vivir a los Estados Unidos. Llegué con mi visa de turista, solo venía por un tiempo, pero me quede aquí y jamás regresé a vivir al país que me vio nacer. Lo primero que hice aquí fue buscar un empleo, y lo segundo, una escuela. Me metí inmediatamente a una escuela para aprender inglés. Yo quería prosperar, no quería quedarme sin saber hablar el idioma, y quería comunicarme con las personas. Los miedos se comenzaron a ir, mi ayuda y esperanza siempre fue y es el Señor.

Trabajando y saliendo adelante, cuidando de mi nena, y ahorrando todo lo que podía, rentamos un garaje que convertimos en recámara y ahí vivíamos, pues estábamos sin dinero. Comenzamos desde cero. Fueron días difíciles sin duda. No mucho tiempo después me compré mi primer auto, Dios me bendijo tanto y tenía tanto cuidado de mí que ese carrito fue una gran bendición para mí y para muchos.

Sin quitar mi dedo del renglón, seguí adelante y por

un tiempo me enfoqué en algunos otros proyectos y sueños que tenía. Comencé a escribir más canciones y a grabar otros discos, aunque fueron pocos, lo logré gracias a Dios. Grabé otros cuatro álbumes cuando estuve sola, después que pasé por más situaciones horribles y dolorosas en mi vida, buscando qué podía estudiar, a que escuela podía asistir. Quería trabajar en el terreno de la salud, quería ayudar a las personas, no solo a sentirse bien al llegar a una clínica y encontrar alguien amable que les irradiara esperanza y amor; ese era mi propósito cada día en ese lugar, aunque yo estaba para hacer un trabajo profesional, siempre quería bendecir a todos con mi vida y con una sonrisa sincera que tocara sus corazones y les aliviara el malestar físico que estaban enfrentando. Dios estuvo conmigo desde el principio hasta el final, me ayudó; y de una clase de más o menos diecisiete alumnos, solo yo terminé y me gradué.

Ya no perseguí mi sueño de ser doctora, pero a veces me dan ganas todavía... Estudié para ser locutora de radio. Ya había estado en radio, pero quería ser una profesional en la rama, y gracias a Dios, me gradué. Todo lo artístico ha estado en mi corazón desde siempre, así me hizo Dios, Él puso todo eso en mi corazón.

Comencé a estudiar periodismo; estuve en eso por un tiempo, aunque lo dejé por circunstancias de fuerza mayor, pero seguiré adelante. He tomado cursos de maquillaje, de cocina, de arte, de cortes de cabello y de negocios, Dios me ha ayudado en todo. Mi vida no ha sido fácil, y eso va conectado con los éxitos en mi vida académica, pero Dios ha sido mi ayuda y mi sostén siempre; y aunque no he alcanzado todo lo que he querido, gracias a Él y a mis tres maravillosos hijos y a mi esposo y unas cuantas personas que me aprecian, he alcanzado lo que he tengo hasta hoy.

¿Recuerdas la historia de José, el soñador? Sus hermanos lo odiaban, tanto que querían matarlo, todos estaban de acuerdo en hacerle mal, y él sufrió mucho. Lo metieron en esa cisterna y después lo vendieron; fue llevado a Egipto, y todo lo que le sucedió allá no fue nada bonito... Él estaba sufriendo, él tenía sueños y al contarlos surgió la envidia en sus propios hermanos, él fue acusado falsamente, pasó por la cárcel injustamente, pero Dios ya tenía un plan para él.

El diablo tenía un plan para destruirlo, pero Dios ya tenía otro plan, porque nadie puede ganarle, nadie puede ir en su contra. Dios lo sacó adelante y en un tiempo, José llegó a ser el segundo después del Faraón. Después, la tierra se quedó sin alimentos y pero en Egipto sí tenían; así que aquí que sus hermanos fueron a buscar comida, y no tenían la más mínima idea que su hermano estaba a cargo de todo. Me conmueve mucho la parte donde dice que José se metió en su recámara y lloró amargamente, y los perdonó y los abrazó. Imagino esa escena. Yo he pasado por esos momentos así de amargos y entiendo cómo se sentía.

Cuando me divorcié y dejé mi país para olvidar, no tenía nada, solo una nena que sacar adelante, y ahí fue donde más sufrí por no haber tenido a alguien que hubiera soñado conmigo. Recuerdo que un día que tuvimos un evento, fuimos a casa de un productor de televisa, él trabajaba con Roberto Gomez Bolaños. Ellos estaban en el evento donde estábamos cantando, y les gustó cómo canté, así que inmediatamente nos invitaron, platicaron con nosotros y nos ofrecieron un proyecto para grabar un videoclip con una canción especial que nunca se había grabado. Solo tú eres Dios era el título de la canción.

Ellos tenían una propuesta grande, íbamos a viajar por muchos países llevando esa canción; pero una vez más, mis padres dijeron que no, que yo no lo haría porque yo no iba a viajar sola, porque yo no estaba para irme con gente desconocida, etc. Ellos me dieron la letra de la canción, para que me la aprendiera en caso de que mis padres cambiaran de opinión y me dejaran hacer el proyecto, pero nunca pasó. Esa fue otra de las cosas que me hizo sentir tan triste; volvía a sentirme encerrada en un frasco cerrado por fuera y yo no tenía forma de respirar; no sentía apoyo, me entristecía mucho que no podía ir a ningún lado, tener amigos, salir con alguien, realizar proyectos, pero sí podía lavar los trastes sucios de todas las casas a donde íbamos, y también podía trabajar como burra en la casa para ayudar... esos pensamientos venían a mi mente y me entristecían mucho.

Tal vez ellos jamás pensaron cuánto afectarían sus decisiones mi vida en el futuro. Por eso hoy te digo y te suplico, a ti, que estás leyendo este libro, que no cometas ese gran error. Si estás leyendo este libro, es por algo, nada pasa sin razón, todo tiene una propósito en nuestras vidas. Si tienes o conoces a alguien a quien brindarle tu soporte para alcanzar sus sueños, ¡no lo pienses más y hazlo! Te aseguro que esa persona estará agradecida contigo eternamente, serás parte de toda su historia y de su buen futuro.

CAPÍTULO XXV

¡A quién no le gustaría formar parte de la vida de alguien que siempre te recuerde por algo bueno que hiciste y que le mantuvo a salvo de la pobreza, de la necesidad, del dolor, de la desesperación y las lágrimas!

Sé lo que te digo. Viví tantos momentos angustiosos, dolorosos, humillantes, tristes, sentía que no habían puertas abiertas para mí, que cada lugar que pisaba exigían documentos que no tenía; sabía que podía hacer muchos trabajos, que sería exitosa, porque soy dedicada, emprendedora, responsable, respetuosa, siempre he ido millas extra, pero solo por no tener las calificaciones en un papel, era rechazada. Sentía que mi vida se caía en pedazos, con tanta responsabilidad, con mis pequeñitos esperándome por comida, ropita, un juguetito, esa era la parte mas dolorosa para mí. Lloraba todo el camino, lloraba de noche cuando mis niñitos dormían, solo pasaba el tiempo rogándole a Dios por un milagro en mi vida, suplicándole; me encerraba en el pequeño clóset que tenía y ahí derramaba mi alma delante del Señor.

Mis niñitos y yo orábamos a Dios, rogándole para que nos ayudara y supliera nuestras necesidades para pagar la renta cuando el trabajo escaseaba para mí. Lo bueno de cada situación difícil es que siempre vimos y hemos visto la mano y el amor de Dios derramado en nuestras vidas y en nuestro hogar; por eso con ánimo seguimos adelante. No importa lo complejo que parezca lo que estamos enfrentando, ellos siempre me han animado con la Palabra de Dios; y con todo lo que han visto de Dios están llenos de fe, lo cual llena mi corazón.

La enseñanza que tengo de todo esto que ha sido muy significativa en mi vida, cambió mi mente en una forma que tal vez nada ni nadie lo hubiera podido hacer, me ha dejado algo tan valioso que ahora yo les doy a mis tres tesoros todo el soporte que puedo, todo el amor, todo el ánimo. Sé que mis hijos saben que los amo tanto y que siempre estaré dispuesta a dar mi propia vida para que ellos sean felices y alcancen sueños; que si fuera necesario, me desharía de las cosas materiales que tengo para ayudarles. Sé que ellos son excelentes niños, son bellos por dentro y fuera, son compasivos, son inteligentes.

Siempre les expreso mi amor, los bendigo con mis palabras y les digo lo importante y especiales que son para mí, siempre les digo que ellos son la mayor bendición, el mejor y más especial regalo que he recibido de Dios en la tierra; les digo cómo Dios me ama tanto que me dio los mejores niños de todo el mundo. Sé que ellos no son perfectos, no quiero niños perfectos, quiero niños que sienten, que expresan sus sentimientos. Tampoco soy perfecta, nadie lo es, y he aprendido muchísimo de mis niñas y del único varoncito que Dios me dio. Ellos tres son mi alegría, ¡cuánto los amo! Estoy tan agradecida con Dios por haberme dado el gran privilegio de ser mamá, de haber conocido lo que es tener una criaturita hermosa en el vientre; por haber tenido a mis tres hermosos angelitos en mis brazos y amamantarlos; por haberlos visto gatear, decir sus primeras palabras que fueron «mamá»; por haber visto cómo aprendían a caminar y hacer travesuras, sacando todos los trastes de los gabinetes de la cocina; cómo me daban besitos y limpiaban mis lágrimas si me veían llorando.

Me acuerdo que mi hermoso bebé, Peter, me veía llorar, tenía un añito y ponía su carita triste, ponía su manita en mis ojos para limpiarlos y me decía:

—Mommy, no lloes.

Luego corría al baño para traer un cuadrito de papel y me limpiaba, con su otra manita volteaba mi rostro hacia él y me limpiaba los mocos también. Ese cuadrito se empapaba y me decía:

—Ita mengo (ahorita vengo).

Y traía otro cuadrito, y me abrazaba tan fuerte, que después de ver todo el amor que mi bebé me daba, me hacía sonreír. Yo lo abrazaba fuerte y me levantaba. Salía con él a correr.

Mi nena Madita también me cuidaba, cuidaba todo lo que yo hacía. Si venían sus amiguitas a casa a jugar, les decía:

—No hagan ruido, hablen despacito porque mi mami está durmiendo. Caminen con cuidado y pasen de lado, por aquí, porque allí están los adornos de mi mamá, no los vayan a quebrar.

Ella juntaba todos sus monitos de peluche y les predicaba del amor de Dios. Siempre que yo oraba haciendo guerra espiritual, ella caminaba junto a mí, me daba su manita y repetía todo lo que yo decía. Yo oraba en el espíritu y ella repetía; era chistoso, pero sabía que estaba sembrando en mi bebé, una niña de oración. Ella tenía un añito de edad, y estaba aprendiendo a ser una guerrera en el mundo espiritual. Mi bebé Gracezoey me limpiaba mis lagrimitas, levantaba mi carita hasta que me veía sonreír, me peinaba, me pintaba las uñas, me traía un plato con un desayuno, me escribía una cartita que decía: «Mommy, te amo, ¡tú eres la mejor mamá del mundo!», y siempre dibujaba a su familia. Ella y Pedrito siempre oran conmigo. Soy tan bendecida, tan bendecida.

Pero Dios no solo me dio estos preciosos hijos para que me llenaran de felicidad, me los dio para que yo también llene sus corazoncitos de felicidad, de alegría, de gozo, de paz y bendición. Dios me dio la responsabilidad de acompañarlos en sus sueños y para asegurarme de que ellos tengan un futuro brillante. Para darles mi apoyo siempre, en los tiempos buenos y malos. No me los dio solo para tenerlos y que crezcan como puedan, que yo solo les dé comida y techo y que se hagan bolas en su crecimiento y desarrollo. Él me los dio para amarlos y bendecirlos siempre, y una de las partes más importantes es cuando ellos crecen las puertas que se abren para ellos, las oportunidades que alcanzan, el conocimiento, la educación. Ya la vida por sí sola es difícil, y se torna más aun cuando no tenemos soporte, amor y una mano fuerte que nos sostenga y nos impulse y anime a hacer algo grande y bueno para nuestra vida; porque para eso nacimos, para eso Dios nos trajo al mundo, para que hagamos cosas grandes.

Toma algo bueno de esta historia hoy para tu vida. A mí me tocó aprender todo esto por un duro y triste camino, pero tal vez tú estás justo donde alguien te necesita o necesitas a alguien; y si no hay nadie, aquí está Dios que te ama y te anima por medio de este libro, y no solo eso, Él te dice: «¡Yo te ayudo a alcanzar tus sueños!» Anímate con la Palabra de Dios. Si yo pude seguir a pesar de los años que transcurrieron, si yo pude seguir con mis sueños vivos a pesar de las palabras tan negativas de la gente que me rodeaba, ¡tú también puedes! Todo lo puedes en Cristo que te fortalece (Filipenses 4:13).

Hoy tengo la bendición de ser escritora. Siempre me fascinó escribir y leer. Yo era la única que escribía las cartas de mi mamá para la familia, especialmente para mi abuelita, que está ahora en el cielo. Nadie quería escribir esas cartas porque mi mamá se tardaba en dictar, y decía:

—Mejor bórrale eso y ponle esto.

Eso lo hacía como cien mil veces en una carta, y yo era la única que tenía paciencia para eso. Y mira, ahora estoy escribiendo esta historia que estás leyendo. Una vez más puedo ver cómo Dios es tan bueno y fiel a lo que nos ha prometido.

¿No te parece que Dios es tan bueno que cumple siempre los deseos más profundos de nuestros corazones? Aunque sea en otros tiempos, no importa, el hecho de que lo estamos haciendo, que lo estamos logrando, significa que el Señor está en control de todo. Él no quiere que mueras con tus sueños, Él no quiere que te los lleves a la tumba, o que se queden empolvados en un papel dentro de un cofre o que estés viviendo una vida llena de amargura, resentimiento y tristezas porque las personas que esperabas que te apoyaran en tu vida no lo hicieron, no pudieron, no supieron cómo hacerlo, porque estaban llenos de temores y tampoco tuvieron alguien que soñara con ellos.

He perdonado a mis padres, y les he demostrado a todos los que se burlaron de mí, que Dios me dio el ánimo para seguir luchando por esos sueños y aunque fue más tarde, estoy feliz por estos logros. Qué maravilloso es saber que ahora puedo transmitir a otros ese ánimo que Dios puso en mí, que puedo ser bendición, que puedo plasmar mis historias en un libro y que no solo la gente que me conoce los leerá, sino millones de personas alrededor del mundo, que mis palabras pueden ser traducidas a otros idiomas y que la gente recibirá algo bueno de lo malo que yo viví. Que se animarán sabiendo que siempre podemos hacer más cosas, ¡que podemos hacer cosas grandes en este mundo! Que ciertamente nos tenemos que esforzar, pero así es como se ganan las victorias, así es como se vence lo difícil, así es como se sale adelante, así es como veremos los sueños cumplidos en nuestras vidas. Todo lo bueno no caerá del cielo, ¡todo lo bueno cuesta! Las bendiciones vienen del cielo; pero para alcanzar esas bendiciones tenemos que subir escaleras, escalar montañas, subir a las nubes, entrar en la lluvia, mojarnos en la lluvia, pasar en medio de las tormentas, estar en el viaje cuando los rayos fuertes y amenazantes caen y estamos en peligro de morir. Dios nos guardará, Dios nos dará las fuerzas que necesitamos para seguir avanzando en el viaje. Y Dios envía personas y también historias como esta para animarnos cuando Él sabe que estamos sintiéndonos débiles.

Si no tienes a nadie que sueñe contigo, tienes a quien te formó en el vientre de tu madre y que está soñando contigo desde el principio, que puso esos sueños dentro de ti, Él está para ayudarte y te sacará adelante. Él promete que si tú le das tu corazón y pones tu vida en sus manos, Él estará ahí para acompañarte siempre. Él promete que concederá los deseos de tu corazón, si te deleitas y te gozas en Él, si buscas primero su amor y su presencia. Él traerá a tu vida todo lo que necesitas; las personas, las finanzas, las conexiones; abrirá las puertas, te dará las ideas que necesitas en ese preciso momento. Él abrirá un camino nuevo para ti, te iluminará en la noche y también en el día. Él puede enviar un ave que te traiga alimento y puede abrir una piedra para darte agua. Dios no precisamente nos lleva con alguien millonario para bendecirnos en tiempo de necesidad. Dios usa lo que Él quiere y a quien quiere, Él puede usar a alguien que esté lleno de problemas para bendecir tu vida, así como envió al profeta Elías que no tenía alimento; lo envió a una mujer viuda con su hijo que también tenían problemas y solo tenían los ingredientes para una última torta, comérsela y dejarse morir; se había acabado todo, pero Dios ya tenía un plan para el profeta y para la viuda con su hijo; Dios iba a proveer para los tres, ¡y así lo hizo! Fue tan maravilloso que por la obediencia a Dios y por dar todo lo que tenía al profeta, ella regresó a su cocina y tuvo la provisión, no solo para un día o dos, sino para años, ¡y quizá para siempre!

Así que, dale a Dios todo lo que tienes, dale tu corazón, ayuda a otros a alcanzar sus sueños porque Dios te va a bendecir en forma muy especial.

Dios bendijo el futuro de la viuda y su hijo, ¡no solo los bendijo un día. ¡Dios quiere bendecir nuestro presente y también nuestro futuro! Pero requiere de alguien que dé algo, que sacrifique algo, para que la bendición pueda ser desatada sobre nosotros. Si inviertes tiempo, dinero, amor, respaldo, palabras de ánimo en la vida de alguien y ayudarle a tener un día brillante e inolvidable, con eso estarás bendiciendo su futuro. Quizá nadie lo hizo por ti en el pasado, pero si hoy tú sabes de alguien y abres tu corazón, dándole lo que nunca recibió de quien debía, ten por seguro que Dios saciará tu hambre y tu sed. Dios te dará descanso y reposo, y verás su poder, así como sació el hambre del profeta Elías. Creo que el profeta se fue tan feliz que iba saltando para darle gloria a Dios. ¡Él hará lo mismo contigo! Dios te bendecirá abundantemente en tu presente y tu futuro.

CAPÍTULO XXVI

Ahora yo no solamente soy escritora y autora, soy asistente médico, soy locutora de radio, locutora comercial y presentadora, escribo canciones, canto y he grabado doce discos. El Señor me ha llevado a muchos lugares y he tenido el honor de viajar y compartir con mucha gente que sirve a Dios. También me encanta el diseño de moda y Dios me ha permitido crear al menos 50 diseños exclusivos que están esperando para salir al mercado; sé que Dios me ayudará también para sacar mi línea de ropa.

Aún recuerdo los primeros accidentes que sufrí cuando traté de aprender a coser. Mi mamá algunas veces me hacía vestidos, ella era una excelente diseñadora. Recuerdo uno: era verde, largo y entallado; era uno de mis vestidos favoritos.

Mis papás no estaban en casa y se estaba haciendo obscuro, así que me senté en frente de la máquina de coser. Lo que más me gustaba era el ruido que hacía cuando ponía mis pies en ese gran pedal y movía mis nuestros pies hacia adelante y hacia atrás. No era una máquina eléctrica, así que quedé advertida de que no debía tocarla porque podía picarme con la aguja. Eso me dijeron mi mamá y mis hermanos que me vieron cuando traté de acercarme. Pero cuando mis papás se fueron, pensé: «Esta es mi oportunidad para tomar unas clases de costura que yo misma me voy a dar». Tenía como siete años de edad. Me senté, muy lista para coser, tomé un trapito de los de mi mamá, pero luego no supe dónde quedó; apenas me puse ahí, metí las manitas y uno de mis dedos pulgares quedó bien atorado. La aguja se me metió en medio de mi dedo, atravesando por en medio de mi uña y saliendo por el otro lado. Comencé a gritar y a llorar. Recuerdo que mi hermano Roberto, uno de los mayores, estaba barriendo la casa con Pedro; en cuanto me escucharon llorando, corrieron y me dieron una santa regañada que se me quitaron las ganas de tomar clases de costura. Me dieron un sermón que todavía me acuerdo, era difícil sacar mi dedo de ahí. Mi dedito, aunque era pequeño, no era tan delgadito como una tela,; pensé que si lo jalaba, saldría de ahí, ¡era tan doloroso! Ellos dejaron de barrer y no sé qué hicieron, y después de intentar muchas veces, al fin sacaron mi dedito. No recuerdo cómo me sacaron la aguja, no recuerdo si se rompió; ¡pero el dolor y el sermón si los recuerdo muy bien! Sigo agradecida con ellos por haberme salvado esa noche.

Así comencé mis primeros pasos en el mundo de la moda y el diseño. Fui haciendo cosas. En otra oportunidad, tratando de ayudar a mi hermana a hacer ojales en su trabajo para la secundaria, me dijo:

—¿Tú sabes cómo se hacen los ojales?

—¡Uy, sí! Eso es muy fácil —respondí.

Esa mañana ya casi era tiempo de irse a la escuela.

—¿Me los puedes hacer en mi trabajo? —preguntó.

—¡Claro! Tráeme la ropita.

Ese era un proyecto especial para la escuela, era un trajecito de franelita para bebé que mi mamá le había hecho, constaba de un pantalón y un suéter.

Mi hermana lo trajo, y le dije:

—Dame unas tijeras.

Ella confió en mí porque yo era mas grandecita que ella. Entonces tomé el traje y dije:

—Solo se dobla aquí, se corta y ya queda el agujerito.

Corté los tres al mismo tiempo, para acabar rápido porque tenía que irse. Ella estaba esperando. Cuando terminé, le dije:

—Aquí está, mira.

Y lo extendimos, ¿y qué crees? ¡Te vas a morir de risa! Mi hermana abrió la tela y vio unos ojotes como del tamaño de unos kiwis gigantes. El suéter estaba tan bonito y yo lo eché a perder; ¡los hoyos que tenía eran más grandes que los ojos de mi hermana! ¡Me quería matar! Me dijo:

—¿Qué hiciste?

—Es que pensé que así se hacían los ojales.

—¡Ahora me van a reprobar!

No aguanté la risa y empecé a carcajear porque el suéter se veía muy chistoso, parecía que tenía los ojos más grandes del mundo. Mi hermana y mi mamá estaban furiosas. Después, mi mamá nos dio instrucciones de cómo arreglarlo; y cuando regresó, me enseñó a hacer los ojales, así que esa clase jamás se me olvidará. Hoy ya aprendí muchas cosas —y sigo aprendiendo— para hacer un excelente trabajo y hermosos diseños. Así que ese es otro deseo en camino.

Dios me ha permitido tener mis podcasts para bendecir a otros. Dios me ha llenado de tantas bendiciones y una de las que amo es la oración. Amo la guerra espiritual, amo interceder por otros, ¡amo cantarle a Dios! Amo escribir para alentar, para ayudar, para bendecir, y el precioso Espíritu Santo es mi amigo y compañero. Todo lo que he alcanzado en mi vida no lo he hecho sola, el Señor lo ha hecho por mí, ¡cómo no agradecerle a mi Dios por tanta bondad! A pesar de los errores que he cometido, Él ha sido tan bueno, siempre me ha abrazado y sacado adelante, ha estado soñando conmigo desde el principio y haciendo que cada uno de mis sueños sean realidad.

No importa las crisis que el mundo esté enfrentando, Dios mueve todo en tu favor y el mío para darnos felicidad a través de nuestros sueños. Hoy veo más de cerca esos sueños donde mi familia y yo seremos un canal de bendición y provisión para muchos.

¡Que nada te desanime! Dios tiene tus sueños en sus manos. ¡Levántate! ¡Ponte las pilas! ¡Sacúdete el polvo, el desánimo! ¡Sacúdete todo lo que te ha estado deteniendo, todo lo que te ha mantenido paralizado, ¡y comienza a caminar en tu sueño!

Yo estoy aquí y quiero soñar contigo, quiero bendecirte y quiero que despiertes con tu sueño hecho realidad, para que mañana tú compartas tu historia con otros. Dios sigue haciendo milagros, sigue levantando vidas, resucitando muertos; Él es el autor de cada una de esas historias.

No te canses de pedirle a Dios, de orar, de declarar bendiciones sobre tu vida, de luchar, no te canses de pelear por tus sueños. Acércate a la gente que tenga visión, que sea productiva, positiva, que no se deje vencer fácilmente, que te impulse a seguir adelante. No escuches esas voces que vienen del enemigo, los que no te quieren ver prosperar, los que no se alegran por tus logros, los que te desaniman constantemente con comentarios negativos, no dejes que nadie desate maldiciones sobre tu vida. Si oyes algo así, cancélalo inmediatamente en el nombre de Jesús. Mantente cada día atando y destruyendo los planes del enemigo contra tu vida, y desata las bendiciones del cielo sobre ti y tu familia. La Palabra de Dios dice que todo lo que atamos en la tierra será atado desde el cielo, y todo lo que desatamos en el el cielo será desatado en la tierra. ¡Bendice tu vida constantemente! No aceptes pensamientos o palabras de derrota y negatividad que te dicen que nunca vas a poder hacer nada, que no sirves, que no vales, que naciste para ser un fracaso; rechaza todo eso en el nombre poderoso de Jesús. No importa si tienes alguna discapacidad, Dios te puede sanar completamente; y si no lo hace es porque tiene un propósito para tu vida; de todos modos, ¡Dios tiene grandes cosas para ti en este mundo! ¡No te vayas con tus sueños! Dios te dice: «Yo te ayudo a alcanzar tus sueños!»

Habla con Dios y dile que te revele o te ponga tus sueños en tu mente y corazón, que los puedas ver, que los resucite; escríbelos en un libro especial y entrégaselos y comienza a pedirle sabiduría para saber cómo alcanzarlos; comienza a trabajar en ellos, toma cursos que te ayuden, que puedan ser herramientas buenas para ti. A veces tenemos que invertir un poco, pero valdrá la pena. Quédate enfocado en lo que estás, no te desvíes, júntate con personas exitosas, con personas con quienes puedas aprender algo bueno que te ayudará. Y si tocas puertas y no te las abren, no te desanimes, sigue tocado, alguien te abrirá, alguien con buen corazón te va a bendecir y ayudar con su conocimiento, con sus habilidades, con sus conexiones. Sigue adelante, comienza con poco, pero con mucho ánimo. Y no te olvides de compartir todo lo que Dios hace contigo, comparte siempre todo lo bueno que Dios hace en tu vida. Todos tenemos una historia que contar a otros para bendecir.

Estaré orando por cada persona que lee este libro y también por todos los que tienen sueños y no tienen quién sueñe con ellos. Si conoces a alguien en esa situación, compra este libro y regálaselo, harás un gran cambio en sus vidas. Si este libro te ha dejado algo bueno, déjame saber por favor, me dará una alegría enorme conocer de ti, me alegraré contigo.

¡Te dejo un fuerte abrazo y te bendigo!

Grace Rohrig.

EPÍLOGO

Los primeros en inspirarme con su ejemplo de trabajo, dedicación, integridad, honestidad, servicio y compasión fueron y han sido mis amados padres, Pedro Luviano y Diocelina Bravo. Mi hermano mayor, Elías Luviano siempre me inspiró a estudiar; nos encerraba en un cuarto para enseñarnos algo a todos; era un profesor demasiado estricto y todos esperábamos la oportunidad de escaparnos de su tormentoso salón de clase. ¡Parecía el Profesor Longaniza! Gracias a Dios, no disponía de mucho tiempo porque él estudiaba en la universidad. Él solo quería asegurarse que haríamos bien en la escuela. Te quiero, hermano, gracias por todo o que hiciste. Mis cinco hermanos, todos en algún momento me han inspirado; mis dos hermanas, han sido una fuente de inspiración para mí, siempre trabajando duro, ayudando al prójimo y sirviendo. ¡Los amo a todos!

Una de las primeras familias que en mi infancia me inspiró a seguir y servir a Dios fue la familia Ost, quienes visitaban nuestra casa constantemente; ellos fundaron el *Centro de fe esperanza y amor* de la estrella. La primera mujer que vi cantando y tocando el piano fue Ruth Cano, ella fue la primera inspiración que recuerdo de mi infancia. Cada vez que yo la escuchaba, sabía que Dios me había traído a este mundo para que le cantara; aunque en ese tiempo no entendía ni sabía nada del futuro o de Dios.

Otras personas que me animaron en mi camino son el pastor Ezequiel Aguilar y su joven esposa Conchita, que siempre venían a la casa cuando los necesitábamos; parecían la Cruz Roja. Siempre que nuestros padres discutían, corríamos a ellos y siempre estuvieron dispuestos a ayudarnos. Éramos pequeños; mi padre no conocía a Dios y mi madre era nueva en Cristo; los pastores del *Centro de fe de Centenario* nos veían como familia.

Consuelito Muñoz, una ancianita, era fiel y siempre daba lo mejor a Dios, al pastor y a todos. Era muy prosperada y llena de fuerza. Para ir a vender, cargaba unos bultos de ropa pesadísimos en su espalda cuando ya era mayor, así trabajaba todos los días. ¡Qué inspiración para mí!

Tere Delgadillo, tan bondadosa, muy linda y humilde, siempre ayudaba a las personas. Recuerdo su bella sonrisa.

La hermana Carmen López, que siempre estaba lista para ir a todos lados, siempre positiva, siempre tenía ánimo, siempre estaba contenta y sonreía, siempre se arreglaba, se veía bonita.

Lidia Camacho y su familia. Carlos y los muchachos, siempre sirviendo a Dios, fueron una inspiración de perseverancia y fidelidad.

Felipe Espinoza, quien fue una de las personas que marcó más mi vida en mi juventud. Él me bautizó. Fue un pastor ungido, lleno del Espíritu Santo, entregado verdaderamente al Señor y la oración; daba todo por el reino de Dios. Jamás lo olvidaremos. Fue un hombre íntegro, lleno de gozo, de compasión, un hombre bendecido, inteligente, muy activo, con una vida productiva y el corazón más noble y humilde que se puedan imaginar. Todo eso dejó en mi corazón.

Nelly Núñez, una gran mujer que me inspiró siempre, llena de gozo y amor; así como el hermano Pedro Arturo, Víctor Vázquez y su esposa, Carmen Vázquez y su familia, Ruth Torres, que han dejado una huella de compasión, amor y servicio en mi vida.

Pastor Larry Walker, his beautiful wife & his whole family, helping people in need.

El pastor Ramiro y Lety López, ¡cómo me animaron, me amaron y me bendijeron!, como si hubieran sido mis padres. Hay pocos como ellos, llenos de amor y compasión.

Hal McKinley, a young man of God that always

inspires me with his love and compassion for others. He has always been there for us, willing to help us out no matter what. Frenchie Jackson, encouraging people to pursue good things, helping others. He helped us so much!

Pastor Wells, no matter what happens, his faith and love for God is bigger than anything, he never gives up! He is constantly seeking for God's presence. He is a man ready to help people in need. He was there for us when we needed, and was always ready to serve with a humble heart.

Grandma Eleanore, always happy, with the biggest heart, filled of compassion. She never complained about anything, she was always happy and grateful, ready to tell others about God's love. She liked sharing food with everyone she could.

Esther Vidal, que fue tan linda; una mujer que amó al Señor profundamente y nos dio su amor, nos acompañó en muchos momentos dolorosos de nuestras vidas, siempre con ánimo y fe.

Rabbi Joseph Hilbrant, a man of God that truly showed us love, respect, compassion. He blessed us so much, and inspired my life all the time.

Becky Gladden and her husband, a couple that blessed me so much. They are humble and willing to help others. They truly are people of God.

Vilma Ramírez, quien ha servido al Señor incondicionalmente, sin esperar nada a cambio. Una mujer reservada, con un corazón de oro, que sirve al Señor con integridad y amor sin importar lo que pase, ¡y me ha bendecido tanto!

Zilyta, una mujer que ama la oración y siempre está dispuesta a escuchar. Ella es una hermosa inspiración para mí. Vicky, linda amorosa, esforzada; una mujer con un corazón de servicio, en toda circunstancia anima a los demás.

Thomas, Megan, Hannah y T.J. Shank, humble people with big hearts, always treating us like family, giving us their love and support.

Mis tres niños: Madai, Peter and Gracezoey, son una de las más grandes fuentes de inspiración para mí, para seguir adelante alcanzando sueños. Ellos siempre son positivos y con su amor me animan a seguir adelante; siempre me sorprenden, son los mejores del mundo.

My husband, Rick Rohrig, that has been very supportive in every way, humble and loving, caring and a good provider, with a good heart that keeps inspiring me to reach my goals for the sake of our family.

Hay muchas más personas que han sido de aliento para mí, y a quienes amo y han dejado una huella en mi corazón. Es importante que todos estemos rodeados de gente que inspire nuestras vidas para hacer las cosas buenas y alcanzar las que parecen imposibles.

Acerca de la autora

Grace Rohrig nació en la Ciudad de México, el 5 de Diciembre de 1970. Fue la primera niña después de seis hermanos varones, y ella es la séptima en la familia de nueve hermanos. Creció en una familia que estaba dividida en sus creencias religiosas en ese tiempo, vivió experiencias de la vida católica y aprendió de la vida cristiana. Descubrió desde pequeña que en su corazón había un amor puro y grande para Dios, y que ella había sido escogida para cantarle.

Aproximadamente a la edad de cinco años descubrió que le encantaba la música, la comunicación. Descubrió que traía lo artístico en la sangre y en el corazón. Comenzó a viajar, cantando de forma más formal a la edad de diecisiete años. Estaba dedicada a cantar y compartir el amor de Dios, fue a muchos lugares, y tuvo la bendición de estar en programas de radio y televisión locales.

Descubrió su pasión por la comunicación; y disfrutaba el trato directo con la gente, encantada de hablar en público y ser parte de un equipo que recorría lugares llevando el mensaje del amor de Dios a la humanidad, tanto en los más pequeños y remotos lugares, como en las más grandes y conocidas ciudades, desde una pequeña casa como en un gran auditorio, viajando con diferentes personas que fueron un gran fundamento y ejemplo en su vida de servicio a Dios y a los demás.

Comenzó a escribir sus propios temas musicales y a grabarlos. Hasta el día de hoy tiene al menos 100 canciones legalmente registradas y grabadas. Fue directora y productora de las ocho producciones que tiene como solista, y cuatro más a dueto con su hermana, Noemí Luviano. Además es la compositora, directora y productora de discos y de la mayoría de temas de su hija mayor, Jhoana Madai C.

Es graduada como asistente médico de CIT College of *Info Medical Technology* en Orange County, California. Colaboró en la oficina médica del Dr. Humberto Aragon en la Ciudad de Temecula, California. También se graduó como locutora de radio y locutora comercial de VoiceMasters Academy. Al ser parte de VoiceMasters & One Voice, el congreso internacional más importante de Latinoamérica, ha tenido el placer de interactuar con locutores de todo el mundo, y actualizarse en el medio de el doblaje, la comunicación y la locución en todas sus ramas.

Con el propósito de crecer en el fascinante y enriquecedor mundo de las comunicaciones, sigue estudiando, aprendiendo y actualizándose en las diferentes ramas de la locución y periodismo en la Academia de Locución Ray Carrión Pionera en New

York. Trabajó en su sueño de sacar su línea de ropa Grace's Exclusive Designs, donde tiene más de 50 diseños exclusivos. Ella se ha formando desde hace muchos años en el arte del diseño y la creatividad, y es reconocida en este ámbito también.

Cuenta con certificados como voluntaria en ferias de salud, programas de emprendedores de la Cámara de Comercio del Condado, maquillaje profesional, influencer virtual con Diana Castro y Ford productions, entre otros. Destacada como oradora motivacional, presentadora, con experiencia conduciendo radio y televisión, cultivadora de sueños, intérprete de música con mensajes de amor, paz y fe que animan, levantan y transforman vidas. Una mujer con visión y con gran compasión por los necesitados, especialmente por los niños.

Es autora en los libros: *Soy mujer valiosa*: Devocional y *Soy mujer valiosa*: Poemas. Asimismo es miembro de la *Academia Escribe y Publica Tu Pasión*. Actualmente está escribiendo cuatro libros donde cuenta sus experiencias de vida, con el propósito de seguir motivando a las mujeres a no darse por vencidas en la vida. Además está escribiendo temas musicales para un nuevo disco que planea lanzar entre el 2021 y 2022.

Actualmente conduce su podcast con el programa Graceradiolife, transmitido por Anchor.fm/grace537

Todos los programas se transmiten por: Apple podcast, Breaker, Google Podcast, Pocket Casts,

RadioPublic, Spotify, Overcast, entre otros.

Con redes sociales en:
Instagram: @grace_radio_life
Facebook: @Grace Rohrig Locutora de Radio/
comercial/motivational speaker
Youtube: Grace Rohrig Locutora de Radio
Correo electrónico: graceradiolife@gmail.com

Grace Rohrig es una mujer que le encanta disfrutar de su familia y hogar. Ama a Dios sobre todas las cosas y cree en Él con todo su corazón. Ella vive recibiendo milagros sobrenaturales de Dios cada día. Además es entregada y dedicada a su trabajo, el cual hace con amor y pasión. Grace tiene grandes visiones y sueños para cumplir con su familia, por quienes sigue luchando y jamás se ha dado por vencida. Se siente agradecida por su familia y todo lo que ha recibido de Dios.

NOTAS

....

....

....

....

....

....

....

....

....

....

....

....

....

....

....

....

Soy valiosa.

Soy una hija de Dios.

"Yo soy valiosa en el corazón de Dios".

Rebeca Segebre

Únete a la comunidad

Mujer Valiosa

Aquí encontrarás recursos gratis, conferencias, capacitaciones, libros, oración, amigas de todas partes del mundo y seminarios impartidos por un grupo especial de mujeres líderes en el ministerio, conferencistas y autoras reconocidas en el mundo hispano.

www.MujerValiosa.org

www.ingramcontent.com/pod-product-compliance
Lightning Source LLC
Chambersburg PA
CBHW070120100426
42744CB00010B/1876